ÉTUDE

DE L'HISTOIRE

EN ALLEMAGNE ET EN FRANCE

PAR

F. GARILHE

EXTRAIT DE LA REVUE DU MONDE CATHOLIQUE

PARIS

VICTOR PALMÉ, LIBRAIRE-ÉDITEUR

(Société générale de Librairie catholique)

76, rue des Saints-Pères, 76

BRUXELLES
SOCIÉTÉ BELGE DE LIBRAIRIE
8, rue Treurenberg, 8

GENÈVE
HENRI TREMBLEY, LIBRAIRE-ÉDITEUR
4, rue Corraterie, 4

1891

L'ÉTUDE

DE

L'HISTOIRE DE LA PHILOSOPHIE

EN ALLEMAGNE ET EN FRANCE

L'ÉTUDE

DE

L'HISTOIRE DE LA PHILOSOPHIE

EN ALLEMAGNE ET EN FRANCE

PAR

F. GARILHE

PARIS

VICTOR PALMÉ, LIBRAIRE-ÉDITEUR

(Société générale de Librairie catholique)

76, rue des Saints-Pères, 76

BRUXELLES
SOCIÉTÉ BELGE DE LIBRAIRIE
9, rue Treurenberg, 9

GENÈVE
HENRI TREMBLEY, LIBRAIRE-ÉDITEUR
4, rue Corraterie, 4

1891

L'ÉTUDE

DE

L'HISTOIRE DE LA PHILOSOPHIE EN ALLEMAGNE

ET EN FRANCE [1]

———

La philosophie a eu, dans ce siècle, à subir des attaques radicales. Son existence même a été mise en jeu. On s'en est pris à son objet : il s'est agi de savoir s'il est réel ou illusoire. La philosophie est regardée, depuis Aristote, comme la science des causes. Or, disent les positivistes, les causes n'existent pas. Du moins elles nous échappent. Nous connaissons seulement les phénomènes et leurs relations de contiguïté dans le temps et dans l'espace. Encore, d'après les physiologistes, les prétendus phénomènes de l'âme releveraient-ils de la physiologie et non de la psychologie. Les psychologues, — et dès lors les philosophes, — ne sauraient les connaître : leurs procédés d'observation sont incomplets, défectueux, sans valeur. Et on a pu ainsi, au nom de la science, dénier à la philosophie le droit d'être.

En même temps, par une coïncidence singulière, l'histoire de la philosophie devenait une science véritable. Son objet était nettement précisé : ce sont les doctrines et leurs rapports. Sa méthode

[1] Cf. Heinrich (G.-A.) : *Histoire de la Littérature allemande.* — Zeller : *s Philosophie des Grecs,* traduite par M. Boutroux et ses collaborateurs, t. I, II, III. — Janet et Séailles : *Histoire de la Philosophie.* — Fouillée : *Histoire de la Philosophie.* — Fabre : *Histoire de la Philosophie.* — Weber : *Histoire de la Philosophie européenne.* — Cardinal Gonzalez : *Histoire de la Philosophie,* traduite par le R. P. A. de Pascal, t. I, II et III. — Cardinal Hergenrœther : *Histoire de l'Église.* — Michel Bréal : *Excursions pédagogiques.* — P. Didon : *les Allemands.* — Heinrich (G.-A.) : *le P. Didon et l'Allemagne,* etc., etc.

était déterminée et, de l'aveu des esprits les plus difficiles, la
rigueur de sa procédée est scientifique.

C'est de l'étude de cette science que je voudrais entretenir les
lecteurs de *la Revue du Monde catholique*. Je me propose d'examiner où elle en est en Allemagne et en France, pourquoi, en
faveur dans le premier de ces pays, elle est négligée dans le second,
et enfin dans quelle mesure elle est raisonnable, utile, nécessaire.

I

L'histoire de la philosophie est fort en honneur en Allemagne.
Les savants de ce pays semblent s'être pris d'une belle passion
pour elle. Ils l'ont, depuis le commencement de ce siècle, étudiée
avec une généreuse ardeur. Ils se sont efforcés d'en déterminer
rigoureusement et l'objet et surtout la méthode. Ils sont parvenus
à en renouveler l'esprit et à la transformer, en quelque sorte, par
leurs innovations et leurs découvertes. Chaque année, ils lui con-
sacrent encore quelques nouveaux volumes. Ils trouvent, au reste,
un nombreux public pour les lire : le caractère et le succès de leurs
travaux nous en fournissent la preuve. Leurs ouvrages, en effet,
ne sont pas tous élémentaires. Il en est de considérables, soit sur
l'ensemble, soit sur telle partie de l'histoire de la philosophie. La
plupart, même parmi les plus volumineux, sont réédités plusieurs
fois. Leur mérite, quoique incontestable, ne suffit pas pour expliquer ce succès. Le monde des écoles, professeurs et étudiants, ne
pourrait, à lui seul, le leur assurer. Leur multiplicité et le nombre
de leurs éditions supposent une foule de lecteurs, en dehors des
hommes d'étude et de science. Il y a donc lieu de reconnaître, en
Allemagne, l'existence d'un public nombreux qui s'intéresse à l'histoire de la philosophie.

Il n'en est pas de même pour les pays de race latine. L'histoire
de la philosophie y est moins en faveur. Elle y est même relativement négligée. Le cardinal Gonzalez le constate avec tristesse pour
l'Espagne (1). Le manque d'ouvrages historiques de valeur sur la
philosophie en est la preuve pour l'Italie. Enfin les rares historiens
espagnols ou italiens ne semblent guère soupçonner, jusqu'à ce
jour, les changements introduits à bon droit dans la méthode ni

(1) Cardinal Gonzalez, *Histoire de la philosophie*, t. I, introduction, p. xxviii.

les progrès accomplis dans le domaine de l'histoire de la philosophie.

Cette science est incontestablement plus favorisée en France. Sans y être cultivée comme en Allemagne, elle y a été, dans notre siècle, l'objet de nombreux et importants travaux. Elle y a été étudiée dans son ensemble, dans les divers temps, chez les divers peuples, dans les différentes écoles et même dans plus d'un système particulier. M. Cousin, indépendamment de sa traduction du *Manuel de l'Histoire de la Philosophie*, de Tennemann, lui a consacré six volumes. M. de Gérando a donné une *Histoire comparée des systèmes de Philosophie*. M. Jules Simon et M. Vacherot ont publié, chacun séparément, une *Histoire de l'École d'Alexandrie*. La philosophie du moyen âge et la scolastique ont eu des historiens en M. Rousselot et M. Hauréau. M. Renan a écrit, de son côté, un volume sur *Averroès et l'Averroïsme*. M. Renouvier a condensé en deux *Manuels* la philosophie ancienne et la philosophie moderne. Nous devons à M. Wilm l'*Histoire de la Philosophie allemande*, à M. Bouillier l'*Histoire de la Philosophie cartésienne* et à M. Ferraz, avec la *Psychologie de saint Augustin*, l'*Histoire de la Philosophie en France au dix-neuvième siècle*. La *Métaphysique d'Aristote* a été exposée par M. Ravaisson, la *Philosophie de Platon* par M. Fouillée, celle de saint Anselme par M. de Rémusat, celle de saint Thomas par M. Jourdain, celle de Bossuet par M. Nourrisson et celle de Malebranche par M. Ollé-Laprune. M. Gréard et M. Janet auraient lieu de se plaindre, si l'on ne citait point du premier la *Morale de Plutarque* et du second l'*Histoire de la Philosophie morale et politique dans l'antiquité et dans les temps modernes*.

En outre, M. Ribot, M. Trullard et M. Challemel-Lacour, pour nous en tenir à ces trois noms et à trois des plus importants ouvrages, ont traduit de l'allemand en français, non l'œuvre entière de M. Ritter, mais ses *Histoires de la Philosophie ancienne, de la Philosophie chrétienne et de la Philosophie moderne*.

Enfin la création d'une licence philosophique a eu pour conséquence l'établissement, dans les Facultés des lettres, de chaires d'histoire de la philosophie. Des maîtres familiarisés avec les méthodes allemandes y enseignent devant un auditoire d'élite. Les maîtres de conférences de la Sorbonne, en particulier, montrent, sinon plus d'autorité, de science, d'exactitude, du moins plus de concision et de clarté que leurs confrères allemands. Et, à tout prendre, notre enseignement supérieur n'est, pour l'histoire de la philosophie, inférieur à aucun autre.

Nos savants ne restent donc pas étrangers à l'histoire de la philosophie. On ne peut non plus les accuser d'indifférence à son égard. Malheureusement, le public français ne répond pas à leurs efforts. L'exposé des systèmes philosophiques le trouve et le laisse indifférent. Il se désintéresse de toutes les doctrines anciennes. Les théories des Ioniens, des Pythagoriciens, des Éléates, des Atomistes et des Sophistes ne le touchent guère. Celles de Socrate, de Platon ou d'Aristote, n'ont pas beaucoup plus d'attrait pour lui. Il lui suffit de connaître de nom le Stoïcisme, l'Épicuréisme et le Néo-platonisme. Il professe le plus profond mépris pour la philosophie du moyen âge, et il reste à l'égard de la scolastique dans une superbe et dédaigneuse ignorance. C'est à peine s'il se résigne à entendre parler de loin en loin des systèmes modernes. Les doctrines contemporaines ont seules le privilège d'attirer son attention et d'exciter un peu son intérêt.

Et de fait nous n'avons pas eu en France, depuis de longues années, sauf pour le dix-septième et le dix-neuvième siècle, d'histoire générale ou particulière de la philosophie. Les ouvrages les plus récents, en dehors des thèses de doctorat et de l'*Histoire de la Psychologie des Grecs*, de M. Chaignet, sont, pour ainsi dire, élémentaires. Ils sont du moins destinés à la jeunesse. M. Fouillée, M. Alaux, M. Fabre ont écrit les leurs pour les élèves de nos collèges et de nos lycées. Le livre de MM. Janet et Séailles, malgré la nouveauté et l'originalité de la partie relative à l'histoire des problèmes, n'aurait pas d'autre destination, s'il ne s'adressait pas encore aux étudiants et plus particulièrement aux candidats à la licence philosophique. Il en est de même de celui de M. Weber. Il y a là, pour tout esprit juste et non prévenu, un indice suffisant de l'indifférence du public français pour l'histoire de la philosophie.

Il en est un autre, hélas! encore plus grave et non moins démonstratif.

M. Zeller, professeur de philosophie à l'Université de Berlin, a publié la Philosophie des Grecs en cinq volumes. La haute valeur de cet immense travail a été signalé à l'envi. « C'est, » a dit Henri Kurg, « l'un des événements littéraires les plus considérables de notre époque. » — « C'est, » a déclaré David Strauss, « un monument impérissable. » — « Cet ouvrage, » a-t-il ajouté, « allie la science allemande à la sagacité anglaise et à l'élégance française, et dépasse tout ce que l'Allemagne possédait en pareille matière. » Aussi est-il arrivé en quelques années à sa cinquième édition (1).

Chez nous, un juge d'une très haute compétence (2) l'apprécie en ces termes : « L'esprit voit avec un singulier contentement toutes les assertions de l'auteur, sans exception, rigoureusement appuyées sur des textes valables. Il est frappé de la scrupuleuse impartialité du critique; et il le suit avec confiance dans cette sphère des faits et des idées claires d'où l'imagination est bannie, et où les seuls arguments reçus sont ceux qui s'adressent à la raison impersonnelle. Il éprouve, en un mot, une impression de netteté, de précision et de rigueur véritablement scientifiques (3). »

Ces qualités ont séduit M. Boutroux. Il a voulu doter la France de l'œuvre — déjà classique dans nos Facultés — de M. Zeller. Il a donc, avec l'agrément et sous les yeux de l'auteur, entrepris de la traduire. Son travail a commencé à paraître sous les auspices de nos plus hautes sommités philosophiques et universitaires : de MM. Ravaisson, Janet, Lévêque, Caro, Lachelier, Egger et Renan. Le ministre de l'Instruction publique l'a, dès 1875, honoré et encouragé d'une importante souscription (4). Une des plus puissantes maison de librairie, la maison Hachette, a facilement consenti à l'éditer. La traduction est claire, fidèle, exacte, irréprochable. Et cependant, après treize ans, le quart à peine en est paru. L'éditeur en laisse attendre indéfiniment les derniers volumes, si toutefois il n'a pas renoncé à les publier. Évidemment, les premiers ne se sont pas vendus. Les lecteurs leur ont manqué. Nous avons dans ce fait une preuve irrécusable du peu de faveur que l'histoire de la philosophie rencontre auprès de nous. Il y a, sur ce point entre l'Allemagne et la France, un contraste dont les causes, quoique multiples et complexes, peuvent se ramener à des différences de caractère, d'éducation et d'idées entre les deux peuples.

---

(1) Zeller, *Philosophie des Grecs*, t. I Introduction du traducteur, p. v.
(2) M. Em. Boutroux, maître de conférences à l'École normale supérieure et à la Sorbonne.
(3) Zeller, t. I. Introduction du traducteur, p. xlviii.
(4) Zeller, *Philosophie des Grecs*, t. I Avant-Propos du traducteur.

II

L'Allemand est indépendant par nature. Il ne reconnait, dans le domaine des choses intellectuelles, aucune autorité. Il se refuse à admettre des doctrines toutes faites. C'est un besoin pour son esprit, essentiellement rêveur, de tout examiner par lui-même. Sa langue favorise cette tendance à la rêverie et au libre examen « Elle est faite pour la pensée individuelle, indépendante, sans frein dans son essor... Elle permet à chaque philosophe, à chaque penseur, d'avoir au sein de l'idiome commun un vocabulaire propre... Tout en ouvrant à l'imagination des horizons sans bornes, elle refuse à la pensée ces contours nets, fermes, bien arrêtés, qui sont la marque d'une intelligence disciplinée et d'une raison contenue dans ses limites (1). »

Aussi l'Allemand se porte-t-il de préférence vers la métaphysique. Son imagination y trouve un vaste champ ouvert, où elle peut se donner libre carrière. Ses rêves ne courent aucun risque de s'y heurter contre les réalités. Les théories nuageuses, trop habituelles aux métaphysiciens, sont loin de lui être antipathiques. Le demi-jour d'une formule ambiguë n'est pas pour lui déplaire. Il lui est plus facile ainsi de rattacher à un système ses propres rêveries. Et, au contraire, il ne saurait y avoir pour lui de dogmes ni de formules fixes et invariables. Sa nature y répugne. Sa foi religieuse, de son côté, lui présente le libre examen comme un droit et comme un devoir : il n'a garde de ne pas user de l'un et de ne pas remplir l'autre. Son audace ne recule devant aucune question. Nulle tradition n'est sacrée pour lui. Il aborde tous les problèmes intellectuels, religieux ou moraux. Il en contrôle toutes les solutions, les discute et cherche à en fournir de nouvelles. Il n'adopte aucun système sans examen et sans étude. Et encore s'il en accepte un, est-ce après l'avoir modifié sur quelque point, après se l'être ainsi approprié et s'être donné, de la sorte, l'illusion d'une pensée personnelle.

Ses rêveries ont, pour les servir, une patience infatigable, une érudition immense et, par suite, une quantité incalculable de faits et de documents. Elles ne sont pas incompatibles avec des habitudes d'exactitude scrupuleuse. Elles finissent même par prendre une

(1) Heinrich, *Histoire de la littérature allemande*, t. I, p. 438.

tournure et quelquefois une rigueur scientifiques. La critique historique et la critique philosophique, avec leurs méthodes, leurs règles et leurs résultats, en sont nées. A leur tour, par une sorte de cercle vicieux, elles ont influé, en les fortifiant, sur les tendances naturelles de la race allemande.

L'éducation en Allemagne est, d'un autre côté, essentiellement critique. L'enfant y apprend de bonne heure à raisonner sur tout. On lui donne et on l'habitue à trouver, ou du moins à chercher, le pourquoi de chaque chose. Les maîtres, dans les écoles de grammaire et dans les gymnases, étudient les formes des mots et discutent la valeur relative des diverses leçons des classiques. Ils apprennent moins à sentir et à goûter les beautés d'un poète, qu'à préciser le texte de ses œuvres, le sens de ses termes, les particularités de sa langue et de sa syntaxe, la nature de ses procédés et les lois de sa métrique. L'enseignement de l'histoire ne va pas sans la discussion des faits et des récits des divers historiens.

Les Universités complètent l'œuvre des gymnases. La critique règne en souveraine dans leur sein. Rien n'y est soustrait à son empire. Les questions religieuses elles-mêmes y sont soumises. A plus forte raison, la philosophie et son histoire n'y échappent-elles point.

Or, dès son arrivée, le jeune Allemand commence à y être initié à ces deux sciences. Les méthodes les plus rigoureuses y sont appliquées à leur enseignement. On en jugera par le simple exposé des principaux procédés de la méthode historique en philosophie, de M. Zeller, l'un des professeurs les plus en renom des Universités allemandes.

D'après M. Zeller, l'objet de l'histoire de la philosophie est la recherche des doctrines et de leurs rapports.

Les doctrines nous sont connues, comme faits, par les témoignages des divers écrivains.

La première tâche de l'historien est de réunir tous ces témoignages, de rejeter ceux d'une authenticité douteuse, et de déterminer la valeur des autres.

Cette valeur n'est pas la même pour tous. Elle varie d'un texte à un autre. Absolue, en quelque sorte, pour les textes contemporains des doctrines, grande encore pour les textes postérieurs mais anciens, elle est beaucoup moindre, pour ne pas dire nulle, pour les textes de date relativement récente. Un contemporain de Pythagore, qui nous parlerait de la doctrine de ce philosophe, obtiendrait toute notre confiance. Nous ne saurions non plus, sans un motif grave, la refuser à Platon. Il nous serait bien difficile de l'accorder à un Alexandrin et, à plus forte raison, à un écrivain de la Renaissance.

Le second devoir de l'historien est, dès lors, de classer les témoignages dans l'ordre des dates.

Il a ensuite à les interpréter. Et en cela, il a à tenir compte et de la langue du témoin, et de l'idée maîtresse de l'auteur, et de son éducation philosophique.

Aristote a pu employer des termes inconnus des Éléates, par exemple, ou leur donner un sens nouveau, ou même s'en servir pour exprimer des idées nouvelles. Aussi ne serait-il ni juste ni légitime de prendre rigoureusement, dans leur acception habituelle chez ce philosophe, les mots dont il s'est servi pour exposer ou expliquer les systèmes de ses devanciers. Nous irions plus d'une fois, de la sorte, contre l'esprit même de ces systèmes, et nous prêterions à leurs auteurs des vues qui leur étaient étrangères et qui étaient même fort au-dessus de leurs connaissances personnelles.

Les témoignages ont été recueillis; on les a classés d'après leurs dates; leur sens a été précisé : il reste à étudier les rapports des doctrines.

Ces rapports sont ou internes ou externes.

Internes, ils ne sont que la liaison entre elles des diverses parties d'un système donné.

Pour saisir cette liaison, il faut rechercher comment l'auteur a posé le problème philosophique et quelle méthode il a suivie pour le résoudre; ou, en d'autres termes, quelle est l'idée directrice de son système et quelle en est la loi intime d'évolution.

Une règle essentielle est de raisonner toujours, dans cette recherche, au point de vue de l'auteur, tout en admettant pour lui la possibilité de s'écarter parfois de la logique.

Les rapports externes d'une doctrine sont des rapports, soit de ressemblance, soit de différence, avec les autres systèmes.

Les uns consistent dans un fonds de principes communs.

Les autres sont des rapports de dérivation, d'opposition ou de combinaison.

Un système peut, en effet, ou emprunter à un autre ses principes et en déduire des conséquences plus rigoureuses et plus complètes, ou être inventé pour le combattre, ou avoir pour but, dans la pensée de son auteur, de concilier deux systèmes contraires.

Le résultat de ce travail doit être « la détermination de formules qui permettent à l'esprit de dominer, et les systèmes particuliers, et le passage d'une philosophie à une autre. »

« C'est ainsi qu'on peut, selon M. Zeller, caractériser la philosophie antésocratique par l'expression de « Dogmatisme physique », la philosophie de Socrate, Platon et Aristote, par l'expression de « Philosophie du concept », et la philosophie postérieure à Aristote par l'expression de « Subjectivité abstraite ». (Em. Boutroux, p. XLVII-XLVIII.) Cf., *Philosophie des Grecs*, t. I, Introduction du traducteur, p. XXVIII-XLVIII.

La tendance naturelle de l'esprit allemand à la critique et à la pensée personnelle se développe sous l'influence de méthodes aussi rigoureuses. L'enseignement de la philosophie et de son histoire, donné d'après de tels principes, laisse, à son tour, des traces profondes dans les intelligences. Il inspire une haute idée des sciences philosophiques, attire vers elle et les fait aimer. En même temps, l'organisation des Universités en favorise et en entretient le goût.

Une Université allemande est complète. Toutes les Facultés s'y trouvent réunies. Il est facile à tout étudiant, au sortir de ses cours spéciaux, d'assister à un cours de médecine, de science, de littérature, de droit ou de théologie. La plupart n'ont garde de négliger de le faire. Le moment n'est pas encore venu pour eux de se renfermer dans une spécialité quelconque. Ils jugent utile d'avoir des notions sur toutes les sciences. Ils acquièrent ainsi une culture intellectuelle générale. Leur savoir, pour être plus étendu, ne perd guère en profondeur. Il les rend, dans tous les cas, plus aptes aux études philosophiques.

Les cours de philosophie et d'histoire de la philosophie ne sont pas d'ailleurs les moins suivis. Ils sont, dans les premières années, obligatoires pour tous les étudiants : ils ne sont pas désertés le jour où, au sortir du lycéum, ils deviennent facultatifs. Au contraire, ce sont ceux où l'on se donne, en quelque sorte, le plus facilement rendez-vous et où l'on se retrouve en plus grand nombre.

En Allemagne, l'identité de leurs études ne décide pas seule des rapports des étudiants entre eux. La réunion des diverses Facultés leur rend faciles les relations les uns avec les autres. Leur vie est, pour ainsi dire, commune. Il faut, dès lors, à leurs conversations des sujets communs. Les cours de philosophie les fournissent. C'est sur la philosophie et ses divers systèmes que l'on discute, quelles

— 14 —

que soient les études spéciales faites par chacun. M. de Bismarck ne rappelait-il pas naguère les discussions de sa jeunesse sur Kant, Fichte, Schelling et Hégel? Aussi l'histoire, les lettres, les idées politiques et religieuses sont-elles intimement unies en Allemagne au mouvement philosophique. C'est au point qu'il est impossible d'apprécier la plupart des écrivains de ce pays, si on les sépare des philosophes (1).

L'Allemand dirige donc vers la philosophie sa tendance naturelle à la rêverie et à la pensée personnelle. Il applique à cette science l'esprit critique fortement développé par son éducation. Il puise dans les Universités, avec une connaissance sérieuse, l'estime et le goût des sciences philosophiques. Il en conserve l'amour pendant sa vie entière. Elles lui fournirent le sujet des rêveries, des recherches, des discussions de sa jeunesse : à ce titre, il ne peut s'en désintéresser. Ni son scepticisme, ni ses croyances religieuses ne l'en éloignent jamais; ils l'y rattachent et l'y ramènent, semble-t-il, au contraire. Une curiosité sympathique le porte, à tout âge et dans toutes les conditions sociales, à se tenir au courant des travaux publiés sur la philosophie. Les ouvrages de ce genre trouvent toujours ainsi de nombreux lecteurs.

L'histoire de la philosophie doit, en outre, au moins en grande partie, à l'influence de l'hégélianisme la faveur dont elle a joui et dont elle jouit encore. Chez Hégel et chez ses disciples, le fait et l'idée, l'ordre chronologique et l'ordre logique, l'expérience et la raison pure sont identifiés. L'étude des faits supplée dès lors à la dialectique. Elle est un moyen à la fois simple et sûr d'arriver à la connaissance de l'esprit lui-même. Car connaître les faits dans l'ordre où ils se produisent, c'est connaître l'ordre selon lequel la raison absolue en forme les concepts. L'histoire est, par là même, relevée et ennoblie. Elle devient une véritable méthode philosophique. L'histoire de la philosophie est, par une conséquence inévitable, plus particulièrement mise en faveur. Elle se confond même, pour Hégel, avec la philosophie. De fait, la philosophie compte, parmi ses historiens, un grand nombre d'écrivains hégéliens par leur éducation (2).

Si, tout en favorisant peu la pensée individuelle, une langue est philosophique, c'est apparemment la langue française : la langue

(1) Cf. Heinrich, *Histoire de la Littérature allemande*, t. III, p. 475 et *passim*.
(2) Cf. *Philosophie des Grecs*, t. I, Introduction de M. Boutroux, p. III, IV, V.

de Descartes, de Bossuet, de Malebranche, de Fénelon et de Cousin. Elle ne se prête point au vague de la rêverie. Une demi-obscurité ne lui convient point. La clarté est sa qualité par excellence. Elle est nette, sobre, précise, logique. Elle proscrit l'ambiguïté des termes. Le sens de ses mots doit être fixe et précis. Sa construction, rigoureusement logique, n'admet pas l'équivoque. L'allure de sa phrase, essentiellement dégagée et rapide, permet de saisir vite et sans peine ce que veut dire l'écrivain ou l'orateur. Il lui faut, en outre, une pensée formée, arrêtée, déterminée, d'accord avec elle-même. Et toujours, bien ou mal, comme le vers de Boileau, elle dit quelque chose.

Mais la nature de notre esprit rend inutiles, pour la philosophie, des qualités si précieuses.

Sans doute, ce qui n'est point clair le rebute. Le vague lui est antipathique. L'obscurité lui pèse. Il éprouve un besoin impérieux de voir clair en toutes choses. Il lui faut la précision et la netteté. La fixité des dogmes et des formules ne lui déplaît point. Loin de là, malgré des apparences trompeuses, il l'accepte de grand cœur : elle lui permet de juger, d'accepter ou de rejeter en connaissance de cause une doctrine.

Mais tout cela l'éloigne, plus ou moins, de la philosophie. Les considérations purement théoriques ne peuvent lui plaire. La métaphysique l'attire peu. Ses hauteurs lui donnent le vertige. Son atmosphère lui paraît nuageuse. Il lui faudrait des efforts trop pénibles et trop longtemps soutenus pour arriver à la lumière. La pensée, sur ce terrain, pour devenir nette et précise, exige bien des recherches et des méditations personnelles. Encore peut-on douter plus d'une fois de sa vérité. Les contradictions des philosophes entre eux semblent justifier cette hypothèse.

Or notre esprit se lasse vite. Le travail lui est bientôt à charge. Sa facilité recule devant le labeur de la pensée. La réflexion lui est pénible : la rapidité de sa parole la devance et la fait croire inutile. Les loisirs, d'ailleurs, nous manquent. L'utilité de pareilles études nous paraît contestable. Nos croyances religieuses nous fournissent des solutions satisfaisantes sur les principaux problèmes philosophiques : sur le monde, sur notre nature, notre origine et notre destinée. Et nous sommes naturellement disposés à y souscrire sans conteste.

Le Français, il est vrai, est essentiellement frondeur. Rien ne

trouve grâce devant lui. Sa verve satirique s'attaque à tout. Il
l'exerce de préférence contre ses maîtres. Aussi le croit-on indépendant par nature. Mais son indépendance est toute de surface.
Quelles que soient les apparences, il est au fond pour l'autorité.
Il est même disposé à en subir de factices. Ainsi, dans la vie
ordinaire, il a un respect scrupuleux pour les idées reçues. Il a
rarement le courage de s'élever contre les préventions communes.
Il est l'esclave des préjugés. Ce qu'on appelle « les convenances »
a pour lui force de loi. Les conventions sociales sont toutes-puis-
santes sur son esprit. L'usage est pour lui la règle suprême. Les lois
lui en sont sacrées. Il s'y soumet tout en condamnant peut-être
la sottise. La mode, à son tour, le tyrannise. Elle décide de sa
mise, de ses actes, de sa démarche, de ses gestes, des formules
de son langage, du lieu et des heures de ses promenades, de l'em-
ploi de son temps, de ses relations et même de ses fournisseurs. Il
en est la victime, sans oser jamais en secouer le joug ni protester
en action contre ses caprices.

En politique, malgré le succès de la maxime : « Le roi règne et
ne gouverne pas, » il veut être gouverné, même et surtout en Répu-
blique. Nos ministres les plus populaires sont encore et toujours les
plus résolus, les plus audacieux, les plus autoritaires, les plus
énergiques, les plus *à poigne*.

Dans l'ordre intellectuel, l'isolement nous pèse et nous fait peur.
Le courage de penser par nous-mêmes nous manque. Il nous semble
plus simple et préférable de trouver et d'accepter des opinions
toutes faites. Nous attendons, pour juger un fait, un discours, un
livre ou une pièce, le compte rendu et l'appréciation de notre
journal ou de notre Revue. Nous nous réduisons volontiers au rôle
facile d'écho. S'il se rencontre des amoureux du paradoxe, même
les plus hardis craignent d'être seuls de leur avis. Ils éprouvent le
besoin de justifier leurs opinions par les jugements des autres. Leur
amour de la singularité ne va pas jusqu'à oser dire rien que quel-
qu'un n'ait dit avant eux. C'est là le secret de la manie presque
universelle d'invoquer toujours des autorités en faveur de ses dires.
Et si nous affichons en littérature, en philosophie et en art, une
certaine indépendance, nous nous faisons illusion à nous-mêmes.
Nous rompons peut-être avec nos traditions nationales, mais nous
subissons une influence étrangère, d'au delà de la Manche ou d'au
delà du Rhin, et nous répétons encore les idées et le langage d'autrui.

Et ainsi, malgré nos prétentions à la pensée individuelle, nous appartenons toujours à une école ou à une coterie. Nous nous donnons des chefs, nous nous rangeons sous une bannière, nous marchons à la suite d'un maître, nous le proclamons infaillible, nous jurons sur sa parole, nous l'admirons en toutes choses, sans réserve et au besoin, selon un mot célèbre, « comme des bêtes (1). » C'est l'histoire des romantiques de 1830 et des naturalistes de nos jours.

En religion, notre naissance décide de notre foi. Nous trouvons des dogmes tout faits. On les impose de bonne heure à notre croyance. Nous les acceptons au reste de grand cœur. Nous ne nous reconnaissons pas le droit de les discuter. Nous les professons de confiance, sur la parole des ministres de notre culte, et, lorsque nous les rejetons, c'est pour en prendre d'autres sur des autorités moins compétentes, plus contestées, moins acceptables.

L'éducation, loin de corriger, aggrave ces tendances.

Bien comprise, elle devrait avoir pour but de développer la personnalité. C'est ce dont elle se préoccupe le moins. Elle semble même craindre de créer dans l'enfant une pensée et une volonté personnelles.

Dans les collèges, tout le monde est soumis à une loi commune. Nulle initiative n'est laissée à personne. L'écolier ne s'appartient pas un instant. Tous les actes de sa vie ont été prévus et réglés à l'avance. Du matin au soir, il n'est jamais abandonné à lui-même. Il n'a ni à penser, ni à vouloir : il n'a qu'à se laisser conduire et faire. On pense, on veut, on prévoit, on agit pour lui.

L'unité des esprits a paru chose désirable. On l'a, dans des discussions parlementaires, présentée comme un bien. Peut-être même a-t-on prétendu la réaliser. Du moins, en pratique, on agit, depuis des siècles, comme si on voulait y parvenir. On ne tient aucun compte des différences dans les intelligences. Tous les élèves sont jetés, pour ainsi dire, dans un moule commun. On les soumet tous aux mêmes méthodes; on leur impose à tous le même fonds d'idées; on les habitue tous à considérer les choses au même point de vue et à les voir de la même manière; on n'en laisse aucun suivre sa propre tournure d'esprit; on étouffe, en quelque sorte, à sa naissance, toute velléité d'indépendance et d'originalité de pensée.

(1) Victor Hugo parlant de son admiration pour Shakspeare.

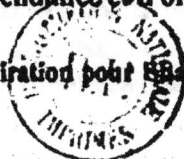

Et il ne peut en être autrement. Les maîtres eux-mêmes ne peuvent rien à la chose. Leur initiative est fort restreinte. Ils doivent s'occuper de l'ensemble de leur classe : il ne leur est pas permis d'étudier chacun de leurs élèves en particulier et de le diriger d'après ses propres aptitudes. Des programmes leur sont tracés et imposés : ils sont obligés de les suivre, et, dans les questions traitées, il leur faut s'en tenir à des solutions traditionnelles. Il est, sur toutes choses, des idées généralement admises, il n'est pas permis de s'en écarter, elles font partie des connaissances nécessaires, elles constituent une sorte de patrimoine intellectuel. Les maîtres ont pour mission de les transmettre. Les examens semblent avoir pour but de constater si les candidats les possèdent. Un échec est inévitable pour qui les ignore ou ne les a pas acceptées.

De là, le caractère dogmatique de notre enseignement. Le professeur ne discute point : il affirme. Sa parole fait foi. Nul n'oserait la discuter ni la mettre en doute. Elle a une autorité officielle. Des diplômes et une nomination ministérielle ou autre la lui ont conférée. Elle a, chaque année et surtout à la fin des études, sa consécration avec les examens. C'est une nécessité de l'accepter. Il serait d'ailleurs difficile de la contrôler. On n'en a ni le temps ni la patience. Il faudrait une persévérance et une somme de travail dont un enfant est incapable. On en est réduit à l'admettre de confiance. Et ainsi, par une espèce de fatalité, on s'habitue à voir, à juger, à penser par les autres.

Les exercices littéraires ont, il est vrai, dans notre éducation, une place importante. Ils favorisent sans conteste, par eux-mêmes, la pensée personnelle. Ils sont même l'un des moyens les plus efficaces de la provoquer, de l'entretenir, de la développer. Ils n'ont pas toutefois toute l'efficacité désirable. Leur influence se trouve contrariée par les lois de la composition telle qu'on la comprend en France. L'esprit y est encore assujetti à certaines règles. Il ne peut se donner libre carrière. Un plan régulier lui est imposé. Ses idées doivent être exposées dans un certain ordre. Le développement en est proportionnel, et, en quelque sorte, symétrique. Tout est disposé de manière à permettre de saisir, d'un seul coup d'œil et en quelques lignes, l'ensemble du travail, et d'en deviner les détails. La langue elle-même empêche les écarts d'imagination et de logique. La nature est ainsi entravée dans ses tendances quelquefois les plus légitimes. Mais cette discipline n'est pas inutile pour l'esprit. Il n'y en a pas moins là un effort et un commencement de la pensée. De ce chef, les exercices littéraires ont une utilité incontestable, quoique restreinte. Aussi doivent-ils être maintenus. Si on les supprimait, si les partisans exclusifs de l'érudition faisaient prévaloir leurs théories dans l'enseignement secondaire, le rôle de la mémoire deviendrait de plus en plus dominant, la réflexion serait encore moins exercée, la vie intellectuelle serait gravement compromise, on serait bien près de ne plus penser du tout.

Le cours de philosophie ne répare point le mal. Au contraire, peut-on dire, il l'aggrave. Il est fait en toute hâte. Quelques mois à peine lui sont consacrés. Le professeur, malgré son talent, son savoir et son zèle, n'a le temps de rien approfondir. Il ne peut surtout apprendre à ses élèves à réfléchir et à penser. Il se borne à exposer l'ensemble des problèmes philosophiques et à en signaler les principales solutions. Car, par une exception singulière, l'enseignement de la philosophie n'a, trop souvent, rien de dogmatique et est purement historique et négatif. L'élève reste libre de choisir entre les diverses opinions exposées et présentées même comme également peu satisfaisantes. Ses études et ses habitudes antérieures d'esprit ne l'ont guère préparé à faire de lui-même un tel choix. Aussi reste-t-il incertain, indécis, en suspens. Tout se réduit pour lui à retenir de mémoire, le moins mal possible, l'enseignement reçu. Il y travaille sans enthousiasme, sans goût, par nécessité, en vue des examens. Des connaissances ainsi acquises laissent peu de traces dans son esprit. Il garde seulement le souvenir du désaccord profond des philosophes entre eux, presque sur toutes choses; et il prend en dégoût et en mépris une science à ses yeux sans solutions certaines, sans doctrine arrêtée, sans utilité pratique, pernicieuse plutôt, subversive du sens commun, aboutissant à une espèce d'anarchie intellectuelle.

Rien ne pourra désormais vaincre cette répugnance ni prévaloir contre ce dédain. Les préventions ainsi conçues ne seront jamais dissipées. L'enseignement supérieur ne pourra les détruire. Nos étudiants ne visent pas à cette culture générale d'esprit sans laquelle il n'y a guère de vrai philosophe. Il leur suffit d'acquérir les connaissances nécessaires pour obtenir un diplôme ou pour s'ouvrir l'entrée d'une carrière déterminée. Ils se renferment volontiers dans leurs études spéciales. Rien ne les provoque à en sortir. Leurs camarades ne les entraînent pas avec eux à d'autres cours. La communauté des études décide presque seule de leurs relations. C'est à peine s'ils voient, pour des motifs exceptionnels, quelques rares élèves des Écoles ou des Facultés différentes. Le voisinage ne les sollicite pas à aller entendre d'autres maîtres que les leurs. Nos diverses Écoles et nos diverses Facultés sont, en général, éloignées les unes des autres. Parfois même elles ne se trouvent pas dans la même ville, et si l'inscription à deux des cours de la Faculté des lettres est obligatoire pour les étudiants en droit, l'assistance ne l'est pas. Le serait-elle, les cours de philosophie n'auraient point les préférences. Ils sont fréquentés, les uns, — ouverts à tout le monde, — par un public sans cesse renouvelé d'amateurs, les autres, — réservés à un auditoire spécial, — par un petit nombre de jeunes gens studieux et désireux de prendre les grades philosophiques.

Les lectures ne pourront combler cette lacune de notre éducation. Il nous manquera, pour les comprendre, outre la patience, l'intelligence de la langue philosophique. Chaque science a sa terminologie propre. Il faut d'abord se familiariser avec elle. C'est la condition première de tout progrès. La philosophie ne fait point exception à cette loi générale. Elle la subit, et ceux qui n'auront pas appris sa langue ne comprendront jamais qu'imparfaitement les philosophes.

En outre, les problèmes soulevés sont depuis longtemps les mêmes. On les présente seulement sous une autre forme. Ordinairement, les termes dont on se sert pour les poser varient. Quelquefois cependant on les conserve, mais ils prennent souvent, à quelques années de distance, une tout autre signification. L'histoire de la philosophie nous en offre plus d'un exemple. Ainsi, pour Parménide comme pour les philosophes allemands, l'être et la pensée sont « un », mais cette identité n'a pas chez l'un le sens idéaliste qu'il a chez l'autre (1). L'idéalisme de Platon n'est pas non plus l'idéalisme moderne (2). Le rationalisme de quelques scolastiques diffère essentiellement du rationalisme contemporain (3). Les mots « réaliste et idéaliste », « objectif et subjectif » ont, au moyen âge et jusque chez Descartes et chez Spinoza, une signification contraire à leur

(1) Zeller, *Philosophie des Grecs*, t. I, p. 176; t. II, p.
(2) *Ibid.*, t. I, p. 141.
(3) Cardinal Gonzalez, *Histoire de la Philosophie*, t. II, p. 125 et sqq. p. 131.

signification présente (1). Descartes et Stuart Mill n'entendent pas la même chose par « innéité ». A cette heure, on tend à identifier la charité et la justice, dont les concepts ont été jusque-là distincts, opposés. Enfin, dans ce siècle, nous avons eu à nous familiariser successivement avec les phénomènes et les noumènes, la raison pure et la raison pratique, l'impératif conditionnel et l'impératif catégorique, le moi et le non-moi, le transcendental, la thèse, l'antithèse et la synthèse, les états de conscience, l'évolution, l'association, l'hérédité, le conditionné, le déterminé, etc. Il ne suffit pas, dès lors, pour saisir le sens des problèmes ou du moins pour en suivre la discussion, d'avoir été initié à la terminologie philosophique : il faut encore se tenir au courant de ses modifications incessantes.

Or, si une initiation suffisante manque à beaucoup de lecteurs en France, la patience fait défaut à un plus grand nombre encore lorsqu'il s'agit, à un certain âge, d'arriver, sans secours étranger, à préciser pour soi le sens de termes peu pratiques et jusque-là ignorés ou peu compris.

Et si, malgré le labeur et le vague de pareilles lectures, on persiste à lire des ouvrages philosophiques, la philosophie contemporaine ne tarde pas à troubler encore plus les esprits et à les décourager.

Notre siècle a vu tour à tour en faveur des doctrines contradictoires. Le matérialisme a dominé pendant les premières années avec Cabanis et Broussais. MM. de Bonald et de Maistre eux-mêmes ne purent se soustraire entièrement à son influence (2). Ils n'en défendirent pas moins, avec un talent voisin du génie, la cause du spiritualisme. MM. de Gérando, Royer Collard et Cousin concoururent vaillamment et parallèlement à la même défense. Mais MM. de Bonald et de Maistre affirmèrent, avec Lamennais, l'impuissance de la raison individuelle, et toute l'École traditionaliste les suivit dans cette voie. M. Cousin, au contraire, entreprit de relever la raison humaine. Il soutint hardiment la possibilité pour elle d'arriver à la vérité et de faire un choix judicieux entre les diverses solutions données aux divers problèmes philosophiques. Il revendiqua hautement les droits de la philosophie, et, soutenu par d'éminents

(1) Weber, *Histoire de la Philosophie européenne*, p. 196 et 197, notes.
(2) Cf. les deux études publiées par M. Em. Faguet dans la *Revue des Deux-Mondes* en 1888 et 15 avril 1889.

disciples, les déclara sacrés, imprescriptibles, inaliénables. Et
néanmoins, quelques années plus tard, l'enseignement de la philosophie était proscrit de nos collèges et était réduit exclusivement à
la logique. Mais déjà la philosophie allemande avait pénétré en
France. M. Cousin, avec Mᵐᵉ de Staël, l'y avait introduite. Il avait
enseigné à la Sorbonne la doctrine de Hégel. Nos pères avaient, en
1828, applaudi l'apologie du succès et l'identification de la force
brutale triomphante avec le droit. Un pareil enseignement n'était
plus possible après nos désastres de 1870-71. M. Cousin lui-même,
malgré tout le prestige de son autorité et toute la puissance de sa
parole, n'aurait pu le faire accepter d'un auditoire français. La
maxime : « La force prime le droit » ou plutôt « est le droit
même » aurait révolté tous les esprits. Aussi la philosophie allemande commença-t-elle dès lors à être délaissée. La philosophie
anglaise a bénéficié de cet abandon. Elle a fait chaque jour de nouveaux progrès parmi nous. Elle est aujourd'hui en grand honneur.
Les Allemands nous avaient présenté la raison comme la cause de
toute chose. Elle était, d'après eux, le principe, le point de départ,
la raison d'être de toute réalité. La pensée, en se développant, créerait
le monde et se confondrait avec lui. Les Anglais, au contraire, ont
déclaré de nouveau la raison humaine impuissante. Ses principes, à
les en croire, n'auraient rien d'absolu. Ils ne font pas naturellement
partie constitutive de notre intelligence. Ils sont le résultat d'habitudes acquises ou héréditaires. Aussi ont-ils une simple valeur
pratique. En théorie, le monde entier est une illusion ou une apparence. Son existence n'est pas et ne peut être scientifiquement
établie. Elle peut, en conséquence, être niée. L'âme elle-même n'est
pas, pour plusieurs, une réalité substantielle : c'est un simple
agrégat de phénomènes ou d'états dits de conscience.

Le public ne sait pas se reconnaître dans un tel chaos de doctrines. Il se lasse de ces perpétuelles affirmations contradictoires. Il
ne peut estimer une science qui se nie elle-même. Il se désintéresse
donc de la philosophie. Il lit de moins en moins les ouvrages philosophiques. Il s'en tient à de simples articles de Revues peu étendus
et en général superficiels. Et encore les Revues spéciales n'ont-elles
plus un assez grand nombre de lecteurs. C'est l'unique raison sans
doute pour laquelle l'une d'elles, déjà ancienne, a cessé récemment
de paraître.

Le discrédit atteint les philosophes eux-mêmes. Nous avons eu, il y a très peu d'années, un singulier spectacle. Un homme a été pris à partie. Quelques salons lui ont fait une guerre d'épigrammes. Des journaux l'ont plus ou moins discrètement raillé. Professeur, quelques étudiants, très bruyants sinon très studieux, sont parvenus à faire ou suspendre ou fermer son cours. Un des auteurs comiques les plus spirituels et les plus délicats l'a exposé sur la scène à la risée publique. Il lui a donné le rôle d'un pédant au savoir verbeux et d'un honneur suspect. Il en a fait une sorte de Trissotin beau parleur du dix-neuvième siècle. L'acteur chargé de le représenter s'est montré sous ses traits, comme jadis Aristophane sous le masque de Socrate. Mais cette odieuse caricature a été plus meurtrière que les charges bouffonnes et grotesques exécutées sur le théâtre d'Athènes. Le ridicule aurait eu, dit-on, cette fois, toute la puissance qu'on veut bien lui prêter en France. Et cependant ni la profondeur et la sincérité de la doctrine, ni l'intégrité et la hauteur du caractère, ni la dignité de la vie de la victime ne pouvaient être mises en cause. Mais c'était un philosophe : on ne pouvait, à ce titre, lui pardonner, au moment de l'ouverture des lycées de jeunes filles, l'assistance à ses cours d'un grand nombre de femmes du monde ; et son grand crime était d'attirer et de captiver, par le charme de sa parole élégante et savante, un aristocratique et nombreux auditoire, de discuter devant lui avec autorité, d'après les dernières données de la science contemporaine, les grands problèmes de la philosophie, d'exprimer dans un magnifique langage et de faire applaudir avec enthousiasme des idées compréhensibles, claires, raisonnables, généreuses, nobles, élevées, françaises.

En résumé, notre esprit est peu philosophique. Nous sommes peu portés à nous rendre par nous-mêmes compte des choses. La pensée personnelle nécessite de trop longs et de trop grands efforts pour notre impatience et notre paresse. Il nous est plus facile et plus agréable de penser par autrui. L'éducation nous habitue de bonne heure et sans peine à le faire. Notre instruction philosophique est insuffisante. Rien ne nous excite à la compléter. Nos croyances religieuses nous signalent comme un danger une curiosité indiscrète à ce sujet. Elles semblent, au reste, rendre inutiles toutes recherches en nous donnant des solutions satisfaisantes sur l'ensemble des problèmes de la vie intellectuelle et morale. La lecture des philosophes nous attire peu. Leur langage ne nous est pas assez familier. Leurs contradictions nous rebutent et nous découragent.

Nos notions sur la philosophie restent vagues, incomplètes, incertaines. Il nous est impossible de garder longtemps le souvenir d'idées reçues, admises sous bénéfice d'inventaire et par nécessité sur la parole d'un maître, non acquises par le travail et par la réflexion personnelle. Et nous en venons vite à ne faire aucun cas d'une science amoindrie, mise en doute, niée même par un certain nombre de ses propres représentants.

L'histoire de la philosophie ne saurait dès lors avoir beaucoup de succès parmi nous. Les systèmes les plus récents ont seuls le privilège de nous intéresser. La nouveauté en fait tout l'attrait et tout le mérite. La curiosité leur assure une vogue apparente mais passagère. Car on peut, à leur sujet, répéter, avec une légère variante, les vers de Musset :

> Et, dans ce pays-ci, quinze jours, je le sais,
> Font *d'un nouveau système* une vieille *doctrine*.

Or ce qui nous touche si peu dans le présent, ne saurait, dans le passé, avoir pour nous un grand attrait ni nous inspirer un bien vif et profond attachement.

L'histoire de la philosophie a eu, cependant, de beaux jours dans notre siècle. Des circonstances exceptionnelles l'ont très heureusement favorisée pendant quelques années. L'éclectisme régnait alors. Il rendait nécessaire la connaissance des diverses doctrines sur le monde, sur l'homme, sur Dieu. Ses partisans avaient à les exposer. Ils le firent avec un talent supérieur. Les plus belles pages de M. Cousin et de ses disciples sont même celles où ils analysent les divers systèmes. Le public était heureux de les lire. Il prenait goût, dans de telles lectures, à la philosophie et surtout à son histoire. Mais des querelles survinrent. L'enseignement universitaire fut vivement pris à partie. Les esprits s'émurent. Il parut bon de supprimer la cause de débats irritants. La philosophie fut pacifiée, comme l'éloquence à Rome sous la dictature de César.

Ce fut la mort pour l'éclectisme. Ce fut aussi un coup fatal pour l'histoire de la philosophie. De nombreuses générations y sont restées complètement étrangères. En outre, depuis lors, les doctrines philosophiques, de favorables, lui sont devenues contraires. Leurs attaques, pour ne pas être toujours directes, ne lui sont pas moins funestes.

Ainsi, d'après Hégel, aucun système ne serait faux. Tous auraient été également bons à leur heure. Ils représenteraient, dans son ordre naturel, le développement de la raison. Il n'y en aurait aucun à condamner. Et une théorie, née sous cette influence, exige de l'historien une neutralité absolue à leur égard. Son rôle doit consister à les exposer, à les analyser, à les résumer, sans les discuter et sans conclure. De tels procédés ne nous accommodent guère. Ils contrarient les habitudes de notre esprit. Il en coûte à notre paresse et à notre ignorance d'avoir à discerner le vrai du faux et à se prononcer sur la valeur relative de diverses idées. Nous aimons à voir un auteur discuter et conclure pour nous. Ce fut là, avec la supériorité de son talent, malgré la faiblesse de plus d'une de ses réfutations et de ses conclusions, la cause du succès des ouvrages ou des leçons historiques de M. Cousin.

L'histoire de la philosophie est ainsi atteinte, mais accidentellement, par voie de conséquence, chez un peuple en particulier.

Des philosophes l'ont prise plus directement à partie. Les uns font table rase de la philosophie ancienne et ne reconnaissent aucune valeur à la philosophie moderne. Etudier celle-ci ou celle-là serait, d'après eux, sottise et perte de temps. D'autres, non moins absolus, font naître la philosophie avec Descartes. Pour quelques-uns, plus radicaux encore, elle daterait seulement de Hume ou même de Kant. Et ainsi, à en croire les uns et les autres, la philosophie d'aucun temps ne mériterait de fixer notre attention, et son histoire n'aurait aucune raison d'être.

Le clergé lui-même ne sait pas se soustraire à l'influence de ces exagérations. Il se laisse aller à les admettre. Il devrait, ce semble, à raison de la nature de ses études, former un grand public favorable à l'histoire de la philosophie.

En fait, il n'en est rien. Ses membres se détournent de cette science et la négligent. Ce sont des hommes de tradition. L'autorité décide de toutes leurs croyances. L'Ecriture sainte, les Pères de l'Eglise, les conciles et les Souverains Pontifes règlent leur foi. Les nouveautés en toutes choses leur sont suspectes. Ils cherchent toujours à s'inspirer du passé dans le choix de leurs opinions. Ils sont profondément attachés aux habitudes d'esprit prises dans les grands séminaires. Or, absorbés par des études d'une utilité plus haute et plus immédiate, ils y accordent peu de temps à l'histoire de la philosophie, ils y restent plus ou moins étrangers à cette science et y subissent enfin, à son égard, l'influence de deux courants d'opinions contraires.

Il s'est trouvé, dès les premiers siècles de l'Eglise, des esprits hostiles à la philosophie. Les attaques des philosophes de leur temps contre le christianisme les rendirent injustes envers elle. Ils la déclarèrent vaine, inutile, fausse, absurde nuisible (Lactance. — S. Théophile d'Antioche, etc.). Elle n'aurait aucune lumière à nous donner. La véritable science lui aurait été étrangère. L'erreur aurait été son partage (Lactance. — S. Justin). Ou bien, si ses représentants ont eu parfois des lueurs de vérité, ils en sont redevables aux prophètes et aux saints livres. Ni les philosophes ni les poètes n'ont rien découvert par eux-mêmes. Ils ont eu seulement des réminiscences de la doctrine révélée (Minutius-Félix. — Tertullien). Encore en auraient-ils obscurci et altéré les notions (Tertullien. — S. Théophile d'Antioche). Aussi leur influence a-t-elle été funeste. Les erreurs du genre humain leur sont imputables, Ce sont eux qui ont jeté les hommes hors du vrai et du bien. Ils peuvent et doivent être considérés comme les pères de toutes les hérésies. Ils en sont les principaux appuis (Tertullien). Tous les hérétiques relèvent de Platon, en particulier (Tertullien). Ce philosophe est pour eux comme un arsenal où ils puisent leurs armes (1). Sa doctrine est l'inspiratrice du crime et la ruine de toutes les vertus (Lactance). Et philosophes et poètes ont été, comme on l'a dit de Lamennais (2), des malfaiteurs intellectuels (3).

Ces accusations n'ont cessé de se reproduire, sous des formes différentes, dans la suite de l'histoire de l'Eglise. Les mystiques du moyen âge s'en sont fait l'écho à des degrés divers. Ils ont tous une tendance à déclarer impuissante la raison humaine (Hugues de S. Victor. — Richard de S. Victor, etc.). Pour plus d'un d'entre eux, la vérité, même terrestre, a besoin, pour être connue, de l'enseignement du Christ (Richard de S. Victor). L'homme réduit à ses propres forces ne saurait connaître ni le monde ni les choses naturelles (Richard de S. Victor). L'âme en acquiert la connaissance, non par l'exercice régulier de son intelligence, mais par la pureté, par la prière, par le ravissement de l'extase (Hugues de S. Victor). Dieu nous est, en outre, venu en aide, à ce propos par, l'intermé-

(1) Cf. Tertullien, Lactance. S. Irénée. Arnobe. S. Justin. Athénagore. S. Théophile d'Antioche, etc.

(2) M. Guizot.

(3) Cf. Cardinal Gonzalez, *Histoire de la philosophie*, t. II, p. 10, 11, 13, 14, 20, 21, 29, 45, 46, et passim.

diaire de son Verbe. Et c'est pourquoi beaucoup abandonnent l'Ecole d'Aristote pour aller s'instruire aux leçons du Sauveur (Richard de S. Victor) (1).

Et ainsi toutes les attaques contre la raison humaine formulées par des Pères de l'Eglise, reproduites et modifiées par des scolastiques, reprises et développées plus tard par Pascal ou de nos jours par les traditionalistes, se tournent toujours contre l'histoire de la philosophie et ont pour conséquence de la faire mépriser et négliger.

Cependant, les sympathies ne manquèrent jamais à la philosophie dans le sein de l'Eglise. Saint Paul manifestait déjà les siennes en invoquant devant l'aréopage d'Athènes, l'autorité philosophique d'un poète grec. L'Ecole africaine, malgré l'hostilité déclarée de la plus grande partie de ses membres, a rendu plus d'une fois hommage aux philosophes. Lactance, pourtant si sévère pour eux, reconnaissait dans leurs écrits un ensemble de vérités. Saint Augustin, après s'être égaré un moment sur ce point, a défendu les droits et la valeur légitime de la raison humaine. L'esprit platonicien de ses théories montre combien il était loin de partager contre Platon les préventions de ses compatriotes. L'Ecole chrétienne d'Alexandrie se déclarait hautement, dans son ensemble, favorable à la philosophie païenne. Elle s'en établissait le partisan résolu et éclairé. Elle la proclamait bonne en elle-même et utile (Clément d'Alexandrie. — En outre : S. Justin et S. Augustin). Elle alla jusqu'à présenter la philosophie grecque comme une introduction au christianisme (Clément d'Alexandrie. — S. Justin). Ses membres s'inspirèrent tour à tour de Platon, d'Aristote et de la doctrine stoïcienne (Clément d'Alexandrie. — Origène). Le moyen âge, à son tour, a nettement défini et affirmé les droits de la raison (Alexandre de Halès. — Albert le Grand. — S. Thomas, etc.). Quelques-uns de ses docteurs en ont même exagéré la puissance. Ils la jugeaient, à tort, capable de pénétrer, de comprendre, de découvrir les dogmes révélés (Scot Erigène. — Bérenger. — Roscelin. — Abailard, etc.). La philosophie païenne aurait ainsi, d'après eux, connu naturellement plus d'une vérité de la foi (Abailard). Platon et les Platoniciens auraient été plus particulièrement favorisés à cet égard (Abailard). Les philosophes n'auraient pas non plus été des hommes sans vertu (Abailard). Socrate aurait été un martyr. L'assurance de son salut

(1) Cf. Cardinal Gonzalez, *Histoire de la philosophie*, t. II, p. 23, 173, 174, 177, 178, et passim,

lui aurait été donnée avant sa mort (Abailard). Platon était chrétien
bien avant l'Évangile. L'orthodoxie de ces docteurs est, il est vrai,
pour le moins suspecte. Leur doctrine a même été condamnée.
Leurs exagérations prouvent du moins l'existence, au moyen âge,
d'une opinion très favorable aux philosophes. Et ce qui le confirme,
c'est que, dans le premier tiers du douzième siècle, Adélard de Bath
se plaignait déjà de la trop grande faveur dont les anciens jouissaient
auprès de ses contemporains (1).

Au reste, les docteurs les plus illustres et les plus orthodoxes, y
compris saint Thomas, rendirent assez hommage à la philosophie
grecque, en empruntant leur métaphysique soit à Aristote, soit à
Platon. Albert-le-Grand reconnaissait une haute valeur philosophique à celui-ci, tout en préférant celui-là. Gilles de Rome, pré-
cepteur de Philippe-le-Bel et disciple de saint Thomas, affirmait la
possibilité pour la raison d'acquérir la science et de connaître les
vérités humaines. Socrate, ajoutait-il, a pu être vertueux et se
sauver en suivant la loi naturelle. C'était réduire à leur juste valeur
les exagérations contradictoires de l'hostilité de quelques Pères et
de l'admiration outrée de quelques scolastiques.

Il convient enfin de rappeler que la scolastique eut pour idéal,
dans ses plus beaux jours, l'union intime de la philosophie et de
la théologie. Pour elle, ces deux sciences sont distinctes. Elles sont
appelées à se développer parallèlement, dans une parfaite harmonie,
sans se confondre et sans s'absorber au préjudice ou au profit
l'une de l'autre. La valeur de la philosophie est ainsi reconnue et
affirmée (2).

Et la philosophie a toujours eu, depuis le moyen âge, parmi les
docteurs catholiques, de justes et équitables défenseurs. Bossuet
peut être compté parmi eux. Fénelon mérite le même honneur. Il
va jusqu'à exprimer le regret de voir la philosophie négligée. A l'en
croire, nous manquerions encore plus de raison que de foi. Dans ce
siècle, le P. Gratry a eu à cœur de recueillir les témoignages de
tous les grands philosophes, de montrer leur accord sur toutes les
vérités fondamentales et d'établir l'existence, dans tous les temps,
de ce qu'il a appelé une « philosophie patricienne ».

(1) Cf. sur toute cette partie, cardinal Gonzalez : *Histoire de la Philosophie*,
t. II, p. 176 et *passim*.
(2) Cf. Cardinal Gonzalès, *Histoire de la Philosophie*, t. II, p. 21, 26, 28, 43,
71, 76, 78, 93, 94, 118, 125, 133, 158, 172, 351 et *passim*.

Mais ni les adversaires ni les amis éclairés des philosophes ne favorisent en fait l'étude de l'histoire de la philosophie.

Les uns voient exclusivement dans les systèmes philosophiques ce qu'il y a de défectueux et de répréhensible; les autres sont exposés à y chercher uniquement ce qu'il y a de vrai ou de louable. Ceux-là se bornent à en relever les erreurs pour s'en faire une arme contre l'orgueil de l'esprit humain; ceux-ci se contentent d'en signaler l'accord partiel avec la doctrine chrétienne. Les uns et les autres connaissent et montrent seulement ainsi une partie des détails d'une doctrine : ils en ignorent l'ensemble. Nul n'a la pensée de faire une œuvre sincère, complète, scientifique. Personne ne paraît songer à étudier les divers systèmes, à en rechercher l'idée principale, à en exposer la méthode, à découvrir et à signaler les rapports de leurs parties entre elles et leurs propres rapports les uns avec les autres.

Au contraire, il y a comme une tendance à s'éloigner de ce genre d'études et de travail. Sous une foule d'influences diverses, on semble juger préférable de s'en tenir exclusivement à l'étude de la philosophie à un moment de l'histoire. On regarde plus particulièrement comme inutile et même dangereux d'étudier la philosophie depuis Descartes. Toutes les questions auraient été, semble-t-on croire, soulevées, étudiées, traitées et définitivement résolues depuis des siècles. Ni l'observation, ni la réflexion, ni l'expérience ne pourraient plus rien nous apprendre. Le dernier mot de toutes choses aurait été dit depuis longtemps. On le retrouverait dans la philosophie du moyen âge. Le chercher ailleurs, sur n'importe quoi, en matière philosophique, serait se condamner fatalement à l'ignorance ou à l'erreur.

De telles exagérations se réfutent assez par elles-mêmes. L'expérience et le bon sens en ont vite fait justice. Elles ne peuvent résister à l'examen le plus superficiel des faits. Néanmoins, elles contribuent à faire négliger de plus en plus l'étude de l'histoire de la philosophie. C'est, en soi, fort regrettable. L'étude historique de la philosophie peut et doit, malgré tout, paraître raisonnable, utile et, dans une certaine mesure, nécessaire.

III

Elle répond d'abord à un besoin naturel de notre esprit et ne saurait dès lors ne pas être conforme à la raison.

L'étonnement est le privilège exclusif de la nature humaine. Il suppose le désir et la faculté de se rendre compte des choses. L'animal a peur : il ne s'étonne pas. L'homme est de tous les êtres le seul à s'étonner. Si un fait nouveau ou inattendu se produit au dedans ou au dehors de nous, sous nos yeux ou à la portée de notre oreille, il nous surprend et nous frappe, il nous inquiète, il excite notre curiosité : nous voulons le connaître, en pénétrer la nature, en découvrir la cause, en savoir le pourquoi. C'est ainsi que nous sommes amenés à réfléchir sur le monde, sur nous-mêmes, sur la nature et les lois de notre être, sur notre origine et notre destinée.

La philosophie est dès lors créée. Ses problèmes, une fois soulevés, s'imposent à notre esprit. Il ne nous est plus permis de nous en désintéresser. Ils nous préoccupent malgré nous. Il nous en faut trouver une solution satisfaisante. Si nous ne pouvons y parvenir par nous-mêmes, nous la demandons aux autres. Dans l'impossibilité de découvrir dans le présent ce que nous devons penser, nous voulons savoir ce qu'on a pensé avant nous. Si même nous jugeons insolubles les grands problèmes philosophiques, nous nous obstinons à rechercher quelles solutions en ont déjà été données. Aussi les siècles de scepticisme et de doute sont-ils ceux où l'histoire de la philosophie est le plus en honneur : tant elle répond à l'un des besoins les plus accusés de l'esprit humain !

C'est ce dont un poète contemporain nous a fourni une preuve douloureuse et convaincante.

La philosophie, en dépit de Platon, n'a pas rompu avec les poètes. Leur prétendue inconsistance d'esprit ne l'empêche point d'accepter leur témoignage. Leur concours lui a été plus d'une fois utile. Leur compétence en matière philosophique n'est douteuse pour aucun esprit impartial et éclairé. Saint Paul l'a reconnue à Athènes en en appelant à Aratus. M. Jules Simon, sans admettre comme V. Hugo (1) d'autres philosophes que les poètes, disait naguère : « Tout grand poète est doublé d'un philosophe (2). » Son langage était d'accord avec l'évidence des faits. Les poètes furent les premiers éducateurs de l'humanité. Homère a longtemps passé pour enseigner mieux que Chrysippe et que Crantor le vrai, le bien, le beau et leurs contraires (3). Les grands tragiques ont été de profonds psychologues.

(1) V. Hugo : *Les Rayons et les Ombres : Fonction du poète.*
(2) M. Jules Simon : discours prononcé au centenaire de Lamartine.
(3) Cf. Horace : Epîtres, I, II, 3, 4.

Sophocle, Euripide, Corneille et Racine ont pénétré dans tous les replis du cœur humain. Tous les sentiments ont trouvé d'admirables et fidèles interprètes dans les poètes lyriques. Nul, on peut le dire, n'a ni mieux connu ni mieux décrit que les poètes nos divers états d'âme. Et il convient de ne pas l'oublier : c'est d'un état de conscience, d'un besoin de l'esprit, qu'il est ici question.

Or, Alfred de Musset, dans l'ardeur de la jeunesse, au milieu de tous les plaisirs de la vie, aurait désiré vivre dans l'insouciance des principaux problèmes philosophiques,

> Et regarder le ciel sans s'en inquiéter (1).

Mais, reconnaissait-il,

> Je ne puis : — malgré moi l'infini me tourmente
> Je n'y saurais songer sans trouble et sans espoir :
> Et, quoi qu'on en ait dit, ma raison s'épouvante
> De ne pas le comprendre et pourtant de le voir (2).

Et quand, ajoutait-il,

> Aux jours même où parfois la pensée est impie,
> Quand je posséderais tout ce qu'en cette vie
> Dans ses vastes désirs l'homme peut convoiter…
> . . . .
> Quand Horace, Lucrèce et le vieil Épicure,
> Assis à mes côtés, m'appelleraient heureux,
> Et quand ces grands amants de l'antique nature
> Me chanteraient la joie et le mépris des dieux,
> Je leur dirais à tous : « Quoi que nous puissions faire,
> Je souffre, il est trop tard, le monde s'est fait vieux,
> Une immense espérance a traversé la terre,
> Malgré nous vers le ciel il faut lever les yeux (3)! »

Inquiet, désireux de se soustraire « aux tourments dont son cœur est rempli », et de trouver une réponse

> A l'amère pensée
> Qui fait frissonner l'homme en voyant l'infini (4),

le malheureux poète a recours aux philosophes de tous les temps, passe en revue les doctrines de toutes les Écoles, et dans l'impuis-

(1) A. de Musset : *L'Espoir en Dieu.*
(2) *Ibid.*
(3) A. de Musset : *L'Espoir en Dieu.*
(4) *Ibid.*

sance où il est de les concilier et de choisir entre elles, s'adresse à Dieu et le supplie, dans des vers qui trahissent l'angoisse de son âme, d'éclairer enfin et de dissiper ses doutes.

L'étude de l'histoire de la philosophie lui a donc paru répondre à un besoin de notre intelligence, elle s'est imposée à lui et a arraché

Au moins crédule enfant de ce siècle sans foi (1)

l'aveu de la nécessité de la prière et d'une intervention divine.

Ce résultat, accidentel et passager peut-être en cette circonstance, n'en est pas moins heureux en lui-même. Il suffirait, à lui seul, pour établir, auprès de plus d'un lecteur, une certaine utilité relative de cette étude. Mais il en est d'autres plus généraux, plus durables, plus démonstratifs. Ils font ressortir avec une entière évidence combien l'histoire de la philosophie est utile et combien elle est, par là même, conforme à la raison : elle en provoque en effet, en entretient, en féconde l'exercice, et en démontre la puissance.

Sans se confondre avec la philosophie, l'histoire de cette science a avec elle un objet commun. L'une et l'autre s'occupent des mêmes problèmes. Seulement, celle-là en cherche les solutions réelles, vraies; celle-ci, les solutions, bonnes ou mauvaises, déjà données. Dès lors, les heureux effets de l'une doivent être aussi, à un degré moindre il est vrai, ceux de l'autre.

Or la pensée philosophique, c'est-à-dire la pensée réfléchie, se repliant sur elle-même, s'efforçant de se rendre compte des choses, s'impose à l'homme. Il ne peut, sans déchoir, y renoncer. L'exercice en est inséparable de la dignité de sa nature. Il fait, avec la pratique du bien, toute la grandeur de son âme. Alfred de Musset le constate en ces termes :

Qu'est-ce donc que ce monde et qu'y venons-nous faire,
Si, pour qu'on vive en paix, il faut voiler les cieux?
Passer, comme un troupeau, les yeux fixés à terre,
Et renier le reste, est-ce donc être heureux?
Non, c'est cesser d'être homme, et dégrader son âme (2).

L'homme, par la pensée philosophique, se distingue des autres êtres, dégage sa personnalité du reste du monde, prend plus pleinement conscience et possession de lui-même. Il voit les choses à un

(1) *Rolla.*
(2) A. de Musset : *l'Espoir en Dieu.*

nouveau point de vue, les aperçoit de plus haut, s'en fait une idée autre. Les phénomènes, les simples faits, le particulier, le transitoire, le relatif, ont pour lui une importance secondaire : les causes, les lois, le général, l'éternel, l'absolu, l'infini, le préoccupent avant tout. Son horizon intellectuel s'élargit peu à peu, son esprit s'élève, les choses terrestres ont moins de prise sur son âme, la vérité et la vertu lui deviennent plus chères, sa ressemblance avec Dieu s'accroît : il connaît mieux et le Vrai, et le Bien, et le Beau.

L'histoire de la philosophie ne produit pas sans doute directement elle-même tous ces effets généraux. Elle n'y est pas non plus tout à fait étrangère. Elle y contribue dans une certaine mesure. Elle favorise la pensée philosophique. Elle l'occupe des mêmes sujets que la philosophie. Elle en provoque en même temps et en entretient l'activité, car les systèmes s'appellent les uns les autres, ils corrigent, complètent, développent, combattent, nient ou cherchent soit à mettre en opposition, soit à concilier les précédents.

Le premier problème posé par les philosophes a été celui de l'origine et de l'essence des réalités sensibles. Les premières solutions trouvées ne tardent pas à paraître peu satisfaisantes. D'autres les suivent bientôt. L'esprit, toujours ainsi tenu en éveil sans jamais être satisfait, en recherche sans cesse de nouvelles. Thalès explique tout par l'eau, Anaximandre par la matière infinie, Anaximène par l'air, Pythagore par le nombre, les Éléates par l'unité et l'immutabilité de l'être, Héraclite par le mouvement et le changement. Cette dernière solution paraît enfin acquise. Elle est jugée toutefois incomplète. Il reste à donner la raison du *devenir*. On fait, en conséquence, intervenir une force à côté des éléments matériels primitifs. Cette force est, pour Empédocle, l'amitié et la discorde; pour les Atomistes, la pesanteur; pour Anaxagore, l'intelligence.

Le premier problème en soulève d'autres. Le dogmatisme des précédentes Écoles fait naître le scepticisme des sophistes. Le rôle de Socrate est ainsi préparé. Platon complète son maître et est, à son tour, pris à partie par Aristote. La question du souverain Bien ou du bonheur de l'homme se pose. Les Épicuriens, les Stoïciens, les sceptiques et le Néo-platonisme en donnent tour à tour des solutions différentes. La philosophie grecque, dans son ensemble, provoque les attaques et les apologies des Pères de l'Église. Un texte de Porphyre réveille au moyen âge la pensée philosophique longtemps et profondément endormie. La querelle des Universaux marque ce premier réveil. De nouveaux problèmes sont soulevés ensuite sous l'influence d'Aristote et de Platon moins incomplètement et moins imparfaitement connus. Ce sont désormais des luttes incessantes entre les Écoles ou les docteurs. Les mystiques et les rationalistes se combattent les uns les autres. Des solutions nouvelles en suscitent d'autres encore. Saint Thomas résume la science de son temps. Scot a à cœur de se séparer de lui sur tous les points possibles. Le quinzième siècle exagère outre mesure le principe d'autorité. Le seizième affiche une indépendance plus apparente que réelle. Le dix-septième pratique une liberté plus pondérée, mieux entendue, plus sage, plus vraie. Descartes y personnifie la réaction contre la scolastique. Locke le contredit à son tour. Leibniz cherche à les concilier. Tout est pure matière pour Locke : tout sera pur esprit pour Berkeley. Hume nie à la fois le monde des esprits et le monde des corps. Kant, pour échapper à ce scepticisme, distingue les phénomènes et les noumènes, la raison pratique et la raison pure. Fichte rejette ce dualisme et invente l'idéalisme subjectif. Il accorde ainsi la réalité au seul moi. Schelling, avec l'idéalisme objectif, l'étend au non-moi. Hégel s'élève, par l'idéalisme absolu, au-dessus de l'idéalisme objectif, et, par la synthèse, concilie la thèse et l'antithèse, le moi et le non-moi, l'être et le néant.

L'esprit se maintient de la sorte dans une incessante activité. Et ce mouvement de la pensée philosophique, provoqué par chaque système et par suite par l'histoire partielle de la philosophie, n'est, contrairement à ce qu'on a prétendu, ni absolument stérile, ni nécessairement nuisible.

La raison humaine n'est pas absolument impuissante. Il est des vérités qu'elle peut connaître. Le concile du Vatican a résolu cette question pour tous les catholiques. L'expérience confirme sur ce point l'enseignement de l'Église. L'esprit humain est même capable de progrès. Il en a réalisé de merveilleux dans les sciences naturelles. Il a obligé la nature à lui révéler un à un une foule de ses secrets. Il en a conquis peu à peu les forces connues. Il a contraint successivement le vent, l'eau, le feu, la vapeur, l'électricité à reconnaître ses lois, à obéir docilement à ses volontés, à servir à ses besoins, à ses plaisirs ou à ses caprices. Il ne saurait, dès lors, être condamné à l'immobilité d'une quasi-ignorance pour ce qu'il lui importe le plus de connaître. Sa supériorité sur le reste des êtres lui vient de sa pensée. Que serait cet avantage si l'on pourrait dire de lui en toute vérité :

Il connaît l'univers et s'ignore lui-même?

s'il en était réduit à s'ignorer lui seul, dans sa nature, son origine, ses devoirs, ses destinées? Mais il n'en est pas ainsi. L'histoire nous montre le point de départ de la pensée philosophique et nous permet de juger des progrès sucessivement accomplis. Ce n'est point qu'elle n'ait eu ses défaillances. Elle a connu plus d'un arrêt dans sa marche en avant. Plus d'une fois elle a été hésitante et a erré dans sa route; plus d'une fois même elle a perdu du terrain gagné et est revenue en arrière. Néanmoins, on peut constater ses conquêtes. Quelle qu'en soit l'importance, elles sont réelles : chacun peut facilement en juger.

Il y a d'abord un progrès dans les problèmes successivement posés. Les philosophes, de Thalès à Socrate, s'occupent exclusivement du monde extérieur. Socrate, Platon et Aristote se détachent de la nature matérielle, mettent la science dans les idées, séparent enfin l'homme du monde sensible, et Socrate en fait l'objet propre de la philosophie. Leurs successeurs se borneront, il est vrai, à rechercher, pendant plusieurs siècles, le moyen d'arriver au bonheur. Mais c'est Dieu et nos rapports avec lui qui auront la place la plus large et la plus importante dans le système des Néo-platoniciens.

La pensée est allée ainsi du monde matériel à l'homme, de l'homme à Dieu. Un progrès réel a donc été accompli dans son objet. Il en a été de même dans ses résultats. Les solutions trouvées pendant la première période de l'histoire de la philosophie deviennent de plus en plus satisfaisantes. Chaque école fait avancer le problème posé. Chacune apporte sa part de vérité. L'influence même de chaque philosophe se fait sentir. Chaque système, comme on a pu le voir tout à l'heure, sans être absolument bon en soi, a une valeur relative. Il a, sur un point quelconque, une supériorité sur les précédents. Celui d'Héraclite, par exemple, l'emporte sur ceux de ses prédécesseurs. Il le cède à celui d'Empédocle et à celui des Atomistes. Ces deux derniers, sous des formes nouvelles, se disputent encore le monde. On peut les juger inférieurs, à un certain point de vue, à celui d'Anaxagore.

On n'avait eu jusqu'alors aucun doute sur la valeur objective de nos perceptions. Elles étaient, pour tout le monde, d'accord avec la réalité. On n'avait guère songé du moins à se demander, en dehors de certains cas particuliers, si les choses sont bien ce qu'elles nous paraissent. Les sophistes les premiers posent cette question. C'était un progrès, assurément. Leur réponse négative n'en était pas un. Elle eût été plutôt la fin de toute philosophie. Heureusement, Socrate arrive. Il ne place plus, comme on l'a fait jusqu'à lui, la vérité dans l'impression matérielle produite sur nous par les choses sensibles, dans des représentations sans consistance : il la met tout entière dans une essence supérieure à la nature visible : dans le concept même. Pour arriver à le déterminer, il ne procède pas aveuglément et au hasard comme ses devanciers : il crée et suit une méthode. Sa science, au lieu d'être simplement apparente, sera réelle. Il fait faire à la philosophie un grand pas en avant. Platon et Aristote la font plus avancer encore.

Socrate s'était fait une nouvelle idée de la science; il avait assigné un objet autre à la philosophie; il avait inventé une méthode pour arriver à la vérité; mais il n'avait laissé aucun corps de doctrine.

Platon et Aristote combleront cette lacune. Leur savoir sera immense, il s'étendra, pour ainsi dire, à toutes choses. Toutes leurs connaissances seront coordonnées entre elles. Ils en formeront les systèmes les plus vastes et les plus considérables de la science grecque. La philosophie de la Grèce atteindra, avec eux, son point le plus élevé. Leur doctrine prédominera dans la suite à Alexandrie, chez plus d'un Père de l'Eglise, dans la philosophie juive et arabe du moyen âge et même dans la scolastique. Elle aura encore, dans les temps modernes, une haute influence.

Socrate avait cherché l'idée : Platon la découvre et en fait la théorie. Il n'y a pour lui aucune réalité en dehors des idées. Aussi méritent-elles seules d'attirer l'attention du philosophe. Une méthode plus complète est, en conséquence, donnée pour arriver à les connaître.

Aristote corrige Platon. Il montre que les idées, séparées des choses, ne peuvent être le substantiel et le réel. Il néglige moins le monde sensible. Il fait une plus large part à l'expérience. Il donne enfin, sous sa forme première et désormais définitive, la méthode syllogistique.

Pour Platon, la vertu s'identifie avec le savoir, l'État absorbe tout, il est le seul propriétaire, les citoyens ne doivent rien posséder en propre : tout doit être à tous.

Pour Aristote, au contraire, la vertu est la pratique habituelle du bien, et la communauté des richesses, des femmes et des enfants ne saurait être admise.

Mais il admet l'esclavage; il restreint l'humanité aux citoyens; la liberté et l'égalité existent seulement pour eux; l'individu reste encore dans une dépendance extrême à l'égard de l'État.

C'est sur ces points que les écoles suivantes réaliseront des progrès de détail.

Le Stoïcisme proclame l'égalité humaine. L'esclave n'est pas inférieur à l'homme libre. La vertu seule crée des différences entre les hommes. Le vice est l'unique esclavage. La conscience est regardée comme un sanctuaire; c'est un asile fermé et sacré; la tyrannie n'en peut forcer les portes; nul ne peut le violer. La personnalité humaine et ses droits commencent ainsi à s'affirmer. L'homme acquiert le sentiment de sa valeur et de sa dignité individuelle. Il a des droits à côté de ceux de l'État; il n'a pas des devoirs qu'envers ses concitoyens : des liens l'unissent à tous ses semblables. Tous les hommes forment entre eux une immense famille. Ils doivent s'aimer les uns les autres. Cicéron pourra parler de l'amour du genre humain : *caritas generis humani.*

L'Épicurisme lui-même, si mal connu et partant si facilement calomnié, prêche l'honnêteté, le respect de la justice, la pratique de la bienfaisance, la fraternité humaine.

Malheureusement, si les sentiments d'humanité naissent, se développent et se propagent sous l'influence des Stoïciens et des Épicuriens, le sentiment religieux, au contraire, s'affaiblit, est étouffé ou reste méconnu. Le divin n'a sa place légitime ni dans les esprits, ni dans les cœurs. Ce sera le mérite du néo-platonisme de s'efforcer de la lui faire ou de la lui rendre. Dieu, nos relations avec lui, l'union intime à établir entre l'âme et la divinité : voilà ce dont se préoccupe la nouvelle École. Et ce n'est pas tout à fait en vain : ses théories auront une part assez grande de vérité pour être acceptées, sur plus d'un point, par le mysticisme du moyen âge.

Ainsi l'histoire nous montre, avec ses hésitations, ses lenteurs et ses écarts, la marche progressive de la pensée philosophique. La philosophie chrétienne a connu les mêmes lois. Il lui a fallu naître, se former, se constituer en corps de doctrine. Elle a admis, dès le premier jour, quelques vérités capitales à jamais incontestées. Néanmoins, elle a été d'abord, dans la personne de ses représentants, peu sûre d'elle, hésitante, flottante et plus d'une fois en désaccord avec elle-même. Elle a connu les défaillances, les temps d'arrêt et de recul. Enfin, de progrès en progrès, elle est arrivée au plus haut point de sa marche ascendante et a élevé, avec saint Thomas, un des plus magnifiques et des plus glorieux monuments de la pensée humaine (1).

Même alors toutefois, pas plus que chez les Grecs après Platon et Aristote, tout n'est ni trouvé, ni dit. Il reste encore plus d'une découverte à faire. Quoi qu'on ait prétendu, la philosophie pourra progresser et progressera (2).

Et en effet, la psychologie est une science d'observation. Elle reste, par suite, susceptible de faire de nouveaux progrès. Descartes en a provoqué de très grands par son initiative. Depuis lui, les phénomènes psychologiques ont été étudiés et analysés avec un soin spécial et non en pure perte. Depuis cinquante ans en particulier, quelques-uns d'entre eux, jusque-là ignorés ou imparfaitement connus, ont été mis en pleine lumière, grâce à la psychologie comparée ou à l'étude parallèle de certains faits physiologiques. En un mot, la psychologie, *jusque-là ignorée comme science spéciale*, est née depuis deux siècles environ et s'est beaucoup perfectionnée de nos jours.

En morale, les premiers principes sont sans doute immuables. L'application n'en varie pas moins selon les temps, les lieux et les circonstances. Nous ne nous trouvons plus dans les conditions sociales, politiques, civiles, industrielles et économiques du moyen âge. Une révolution radicale s'est accomplie. Les relations entre les diverses classes et les divers membres de la société ont été profondément modifiées. Des droits et des devoirs nouveaux se sont ainsi créés. Les scolastiques n'avaient pu ni les prévoir ni les déterminer. La morale pratique s'est notablement modifiée. Les casuistes des siècles antérieurs ne reconnaîtraient guère leur doctrine dans celle des casuistes contemporains. S. Liguori, Gury et Scavini ont été, en cette matière, des novateurs hardis et non désavoués.

Même la logique, cette science par excellence du moyen âge, n'est pas restée stationnaire, immuable. Elle aussi a connu la loi du progrès. Sa méthode unique était exclusivement déductive et dès lors incomplète. Elle ne faisait aucune part à l'expérience. Aussi

---

(1) Cf. Cardinal Gonzalez : *Histoire de la philosophie*, T. II. p. 5, 6, 123, 166.
(2) Cf. IJ. *Ibid.*, t. III, pp. 157, 159, 316.

le progrès des sciences fut longtemps à peu près nul. Bacon crée enfin la méthode expérimentale. Il la laisse, il est vrai, bien imparfaite. Mais peu à peu on la corrige, on la complète, on la transforme. Stuart Mill et Claude Bernard la rendent dans ce siècle aussi rigoureuse que possible. Dès qu'elle est appliquée, l'horizon intellectuel s'élargit, le monde commence à être connu, le ciel matériel révèle ses splendeurs, la nature livre ses secrets, les sciences sont créées, leurs progrès sont rapides, les merveilles de la dernière Exposition sont possibles, l'homme vole sur les ailes du vent et du feu, sa parole ne reconnaît plus les limites de l'espace et du temps, et il semble avoir répondu victorieusement à ce défi du livre de Job : « Diras-tu à la foudre d'aller à l'extrémité de la terre? et la foudre, docile, ira-t-elle et reviendra-t-elle te dire : Me voici ! tes ordres sont exécutés (1)? »

Et l'esprit humain n'a pas encore terminé ses conquêtes. Il les continuera sans doute dans le monde des sciences. Il en fera aussi de nouvelles dans le domaine de la philosophie. La marche en avant de la pensée philosophique n'est pas à jamais arrêtée.

Elle se poursuivra jusqu'à la fin des siècles. Notre esprit ne peut rester absolument stationnaire. Le progrès est sa loi (2). Ne pas avancer, c'est, pour lui, reculer. Nul ne peut, d'ailleurs, lui dire : « Tu ne saurais désormais, sur aucun point, aller plus avant ! » Il faudrait, pour oser lui tenir ce langage, avoir pénétré à fond sa nature, ses ressources, ses forces, ses lois. Kant l'a fait, dira-t-on. Il a entrepris, il est vrai, de déterminer les limites de notre esprit et de lui assigner des bornes infranchissables. Il nous a abandonné le monde des phénomènes, où il nous a permis de faire chaque jour de nouvelles découvertes. Il a, en même temps, soustrait à nos recherches le monde des noumènes et l'a placé dans une région inaccessible pour nous. Ni le monde, ni l'âme, ni Dieu ne peuvent nous être connus. La raison nous en fournit, sans doute, l'idée : mais les idées de la raison ne sont que des exigences, des besoins *à priori* de notre esprit, et la réalité n'y répondrait point.

Cette théorie de Kant peut, à bon droit, ne pas paraître assez justifiée. Elle n'est pas regardée comme définitive. Beaucoup la contestent, se refusent à l'admettre et s'obstinent à croire à une corréla-

(1) Job. XXXVIII, 35.
(2) Cf. Pascal : *De l'Autorité en matière de philosophie*; cardinal Gonzalez : *Histoire de la Philosophie*, t. III, p. 279.

tion entre les lois de notre intelligence et la réalité des choses. On n'accepte point, *comme tels*, les postulats de la raison pratique et l'on prétend toujours pouvoir arriver à connaître le monde, l'âme, Dieu. Il répugne, semble-t-il, que ce que l'homme a le plus à cœur de connaître soit précisément ce qui se dérobe absolument à sa connaissance. On serait, dans ces conditions, le jouet d'une divinité maligne, trompeuse, malfaisante, comme en admettait la Fable.

Le progrès de la philosophie, possible ou non dans l'avenir, est réel dans le passé. L'histoire de la philosophie nous le montre accompli. Elle venge de la sorte la raison humaine du reproche d'impuissance. Elle-même nous apparaît comme l'histoire non moins des progrès que des erreurs de l'esprit humain. Et elle peut avec justice revendiquer une part dans la conquête de la vérité.

On ne la néglige pas impunément. Si Socrate avait mieux connu les systèmes antérieurs, il aurait pu aborder des problèmes plus élevés et laisser un ensemble de doctrine. Si Descartes avait moins dédaigné et ignoré la philosophie ancienne, il aurait facilement évité plus d'une grave erreur.

L'histoire de la philosophie n'est pas étudiée en vain. La connaissance en coïncide toujours avec un progrès de la pensée humaine. Il y a même une corrélation frappante entre l'un et l'autre fait. Le premier a le second pour conséquence.

Platon et Aristote s'étaient familiarisés avec les doctrines des précédentes écoles : chacun d'eux a fait faire à la philosophie un grand pas en avant.

Les systèmes de la Grèce sont introduits à Rome : la pensée philosophique s'y éveille enfin sous cette influence et, à défaut d'une École quelconque, y crée un genre littéraire.

Toutes les doctrines du monde ancien se trouvent, pour la première fois, en présence à Alexandrie : un système nouveau et non sans grandeur ne tarde pas à y naître.

Un texte de Porphyre sur l'existence et la non-existence des espèces et des genres provoque, au moyen âge, le réveil de la philosophie. Telle fut l'origine de la controverse sur les Universaux. Pendant plus d'un siècle on discute sur cette question. Il faut, pour mettre fin à cette stérile querelle, la connaissance tardive d'une partie de la doctrine de Platon et d'Aristote (1). Les œuvres,

_____

(1) Saint Anselme, Abailard, Pierre Lombard, ne connaissaient presque pas Aristote. Abailard se plaignait qu'on n'eût pas de traduction de ses

même, incomplètes, de ces deux philosophes attirent sur d'autres problèmes l'attention des esprits. Bientôt, sous leur influence, la scolastique brille de son plus vif éclat et arrive, avec saint Thomas, à son plus haut degré de gloire.

L'ensemble de la philosophie grecque est connu à la fin du quinzième siècle. Il se produit aussitôt un mouvement philosophique peu fécond peut-être en lui-même, mais dont le mérite est de préparer et de rendre possible la philosophie du dix-septième siècle.

Ainsi la philosophie n'est pas impuissante : elle arrive à des résultats ; sa propre histoire l'y aide : mais ces résultats, heureux en eux-mêmes, ne sont-ils pas viciés originellement?

La philosophie, a-t-on prétendu en effet, serait essentiellement mauvaise et malfaisante. « Cette belle raison corrompue a tout corrompu », a dit Pascal. Et les philosophes ont été formellement accusés, nous l'avons vu, d'avoir égaré les esprits et les cœurs.

Cette accusation a été implicitement réfutée. La vérité est l'objet des recherches et des découvertes de la philosophie. Elle est toujours bonne en soi. L'altérer, c'est la transformer en erreur. Ce n'est point ce qu'ont fait les philosophes. Il suffit, pour s'en convaincre de plus en plus, de comparer leur enseignement et ses résultats aux croyances religieuses et morales de la Grèce avant eux.

Les épopées primitives nous font connaître les états d'esprit d'un peuple. C'est ainsi que, dans ses poèmes, Homère nous donne une idée exacte des croyances de ses contemporains.

Or, dans l'*Iliade* et dans l'*Odyssée*, les dieux sont immortels, tout en ayant eu un commencement. Ils habitent l'Olympe. Jupiter est leur chef. Son empire n'est pas incontesté. Plus d'une fois, ses ordres excitent des murmures. Plus d'une fois même on le brave. Pour se faire obéir, il a besoin de recourir aux menaces, et de rappeler à Junon en particulier les sévices dont elle a eu à souffrir. Les dieux ressemblent d'ailleurs aux hommes. Ils en ont les besoins, les passions et les faiblesses. Il leur faut réparer ou entretenir leurs forces avec l'ambroisie, le nectar et le sommeil. Ils se laissent aller à la colère. Ils connaissent l'amour et la haine. Il y a des

écrits. Jusqu'en 1201 on ne connaît que son *Organon* et ses *Catégories*. On ne le suivait que pour la logique. En 1209, on commença à traduire directement du grec ses œuvres. Cf. Cardinal Hergenrœther, *Histoire de l'Église*, t. IV, 263, 304, 305. On trouvera, aux pages désignées, l'indication des auteurs à consulter sur cette question.

hommes qu'ils aiment ou détestent : ils favorisent les uns, s'acharnent contre les autres. La justice ne leur est pas sacrée. Ils la violent ouvertement dès qu'ils ont à se venger. La vengeance est leur plaisir par excellence. Ils ne sont étrangers, au reste, à aucune des faiblesses humaines. Jupiter les autorise toutes par ses exemples. Il s'abandonne plus particulièrement aux plaisirs sensuels.

La piété envers les dieux et le respect des droits de la famille résument à peu près toute la morale. Ni le mensonge ni la fourberie ne sont choses mauvaises. Ulysse, menteur et fourbe, est cher aux hommes et aux dieux. La clémence est inconnue. La justice est quelque chose de relatif. Jupiter lui-même n'en a pas un sentiment bien délicat. Il permet à Neptune de punir les Phéniciens, dont le seul crime est d'avoir été hospitaliers pour Ulysse. Les excès, il est vrai, portent avec eux leur châtiment. Les hommes sont ainsi victimes de leur propre folie. La vengeance atteint, tôt ou tard, ici-bas, les criminels. Mais la loi morale ne semble pas avoir de sanction dans la vie future.

L'homme pourtant ne meurt pas tout entier. Son âme lui survit. Mais on ne sait trop ce qu'elle est. C'est une ombre de lui-même et l'image de son corps. On peut la reconnaître à sa ressemblance avec ce dernier. Elle a des besoins matériels. Elle souffre de la faim et de la soif. Elle est accessible à la crainte. Elle est, d'ailleurs, vaine et sans consistance. Elle ne reconnaît point les autres ombres. Elle garde le souvenir du passé, mais elle ne sait rien du présent et elle ignore ce qui s'est accompli sur la terre depuis sa descente aux enfers. Elle conserve ses haines et ses affections. Agamemnon maudit encore Clytemnestre et s'inquiète de son fils Oreste. Achille s'en va fier et heureux en apprenant les exploits de Néoptolème. Les âmes paraissent enfin avoir un sort commun. Ni récompenses ni châtiments ne leur sont accordées ou infligés. Il n'y a d'exception que pour les grands criminels. Leurs âmes sont soumises à un supplice particulier. La condition des autres n'est pas heureuse. Achille est l'interprète de leurs regrets et de leur tristesse, quand il s'écrie : « J'aimerais mieux cultiver la terre au service d'un homme pauvre et qui n'aurait pas de grandes ressources, que de régner sur toutes les ombres de ceux qui ne sont plus. » (*Odyssée*, xi, *passim*.)

L'enseignement des philosophes, loin d'altérer les croyances populaires, les rectifie ou les transforme.

On avait assurément le droit de se mettre en opposition avec elles et de les attaquer. C'était même, peut-être, un devoir de travailler à les détruire, si on pouvait leur en substituer de plus rationnelles. Le tort des sophistes est d'avoir entrepris de les ruiner sans songer à les remplacer par d'autres. Ce ne fut pas celui de l'ensemble des philosophes. Xénophane, en particulier, tout en se refusant hautement à admettre chez les dieux la forme humaine, proclame la toute-puissance, l'unité, l'éternité, l'intelligence de l'être divin. Socrate, Platon et Aristote, à leur tour, s'ils combattent, au moins indirectement, les opinions polythéistes du vulgaire, proposent un Dieu unique. Socrate en affirme et en démontre l'existence et la sagesse. Dieu est pour Platon le Bien même. C'est le soleil des intelligences. Il s'identifie avec le Vrai et le Beau. Il a organisé le monde. Sa providence s'exerce encore sur lui. Il règle tout avec sagesse. Sa bonté inspire tous ses actes. Il est pour Aristote un acte pur. Les philosophes chrétiens ne diront pas autrement.

Le dogme de la Providence, admis par la foule, est transformé par les Stoïciens. Pour eux, comme pour Socrate et pour Platon, le monde n'est pas abandonné au hasard; le caprice ne le dirige pas; une volonté éclairée, sage, maîtresse d'elle-même, bonne, toute-puissante, y dispose toutes choses : tout y est même ordonné pour le plus grand bien de tous.

Les Épicuriens, au contraire, se mettent, sur ce point, en opposition avec les croyances de la multitude et nient ouvertement l'intervention des dieux ici-bas. Leur négation, condamnable en elle-même, ne l'est peut-être pas, eu égard aux circonstances. Le monde n'avait guère à s'applaudir de l'intervention des dieux. La vertu n'avait pas toujours à s'en louer. L'honneur des familles avait trop souvent à en souffrir. Le vice en recevait de fâcheux exemples et de funestes encouragements. Aussi la négation épicurienne pourrait-elle, dans l'espèce, paraître honorable et pour les dieux et pour les hommes. Elle était atténuée, en effet, par une conception nouvelle et plus élevée de la nature et de la vie divines. Elle n'entraînait pas, enfin, la ruine de tout culte religieux. La piété ne cessait pas d'être un devoir pour Épicure. La sienne, disait-il, différait seulement de celle du grand nombre : elle était moins cruelle, moins déraisonnable, plus désintéressée.

Il est vrai, au milieu de l'éclat du siècle de Périclès, les anciennes mœurs furent de plus en plus abandonnées. Il y eut une décadence incontestable de la vertu publique et du sens de la légalité (1). Les idées morales mêmes s'altérèrent. Ce fut le résultat de causes multiples. La politique y contribua pour sa part. Les Sophistes n'y furent pas non plus entièrement étrangers.

La morale reposait exclusivement sur la religion. Elle avait pour tout fondement la crainte des dieux. C'en devait être fait d'elle le jour où s'évanouirait la foi religieuse. Ce jour ne pouvait être éloigné. Il était impossible de croire bien longtemps encore à un Olympe de voleurs et d'adultères. Le développement graduel de la raison devait amener dans les esprits la ruine du polythéisme. Les Sophistes la hâtèrent avec leurs théories sur l'origine des croyances religieuses et sur la relativité de nos idées morales. Il ne faudrait pas cependant exagérer, sur ce point, leur responsabilité. Platon, peu suspect d'indulgence à leur égard, les disculpait ainsi. « Il ne faut pas, disait-il, s'imaginer que ce soient les sophistes qui corrompent la jeunesse. Le grand Sophiste, c'est le peuple lui-même, qui ne veut être contredit ni dans ses opinions, ni dans ses inclinations. Les Sophistes ne sont que d'habiles gens, qui savent manier le peuple, le flatter dans ses préjugés et ses désirs et enseigner leur art à leurs disciples. » (Rep. VI.)

On ne saurait, à plus forte raison, imputer aux autres philosophes l'altération des idées morales.

La morale, en effet, fort négligée jusque-là, prit, avec Socrate, une importance exceptionnelle. Tout lui fut bientôt subordonné avec les Stoïciens et les Épicuriens.

Socrate s'efforce, d'abord et le premier, de lui donner une valeur scientifique. Il lui découvre un nouveau fondement : la raison. Il y a, pour lui, des lois non écrites; tout homme les trouve au-dedans de lui-même; elles sont gravées dans les cœurs; elles sont indépendantes de la coutume, des mœurs et de l'autorité; rien ne peut prévaloir contre elles; nul ne les viole impunément. La vertu est une science. Socrate en donne une division acceptée depuis par l'Église et admise dans ses catéchismes. La sagesse, la tempérance, la force, la justice, avec la piété et la bienfaisance, résument, à ses yeux, tous nos devoirs. Ses successeurs ont donné sur chacune de ces vertus un ensemble de préceptes. On en a recueilli

---

(1) Cf. Thucydide : III, LXXXII, sqq; III, LII.

une partie dans un petit livre devenu classique dès son apparition. Le *Selectæ e profanis scriptoribus* nous présente même l'exemple à côté des préceptes.

Et il n'y a pas lieu d'en être surpris. Les philosophes se firent une idée très élevée de la divinité. Cette conception si haute de l'être divin eut son contre-coup dans la morale.

L'idéal philosophique pour l'homme fut toujours, en effet, en Grèce, de ressembler à Dieu. Il en fut ainsi pour Pythagore (Zeller, t. II, p. 430), pour Socrate, pour Platon et pour les Stoïciens. Épicure lui-même fit des dieux le type du parfait épicurien, très calme, très beau, très heureux.

Aussi, déjà pour Socrate comme pour Platon, la sagesse est-elle la première des vertus et le principe de toutes les autres. La justice est absolument sacrée. Il n'est permis à personne de la violer, même à l'égard d'un ennemi injuste. Elle est la santé de l'âme; l'injustice en est la maladie. La piété envers les dieux est un devoir. La reconnaissance envers les hommes est obligatoire. Le respect et l'amour sont dus à nos parents. Nous sommes tenus à obéir aux lois de notre pays. Il faut traiter les esclaves avec douceur. S'affranchir de ses besoins et exercer ses forces est, pour l'homme, l'unique moyen de devenir maître de soi.

Se dominer et mener une vie calme et sans trouble est l'idéal commun des Stoïciens et des Épicuriens. Ils diffèrent entre eux sur les moyens de le réaliser.

L'action est l'essence même du Stoïcisme. Veiller sans cesse à être toujours d'accord avec soi-même; se croire destiné à travailler constamment au maintien de l'ordre universel et du règne de la raison sur la terre; s'estimer, à ce titre, le collaborateur et l'auxiliaire de la divinité; regarder la vertu comme le seul bien et considérer tout le reste comme indifférent; se détacher du monde, des honneurs, des dignités, de la gloire; avoir un souverain mépris pour les plaisirs, pour la douleur et pour la mort; reconnaître pour unique barrière le mal moral; tenir les moindres défaillances de la volonté pour condamnables à l'égal des plus grands crimes; rester, en toute circonstance, maître de soi, impassible et résigné; pratiquer la vertu pour elle-même, en dehors de toute crainte de châtiment et de tout espoir de récompense : telle est, en substance, la morale stoïcienne.

Elle a un caractère indéniable de grandeur. Elle étonne et inspire le respect et l'admiration. Elle nous apparaît comme surhumaine. Pascal la trouve presque divine. Épictète, pour l'avoir enseignée, lui semblerait « digne d'être adoré », s'il avait su reconnaître, avec notre grandeur, notre faiblesse. Malheureusement, il l'a méconnue et a exalté ainsi notre orgueil. Aussi, croire, avec lui et les Stoïciens, pouvoir, par ses propres forces et sans recourir à l'assistance divine, mettre en pratique de tels préceptes, serait le fait « d'une superbe diabolique (1) ».

Toutefois, n'en déplaise à Pascal et à ses partisans, même si nous nous plaçons à leur point de vue, le Stoïcisme ne mérite pas le reproche d'avoir, dans l'espèce, altéré les croyances populaires et corrompu les esprits.

L'homme, dans Homère, sent parfois, il est vrai, son impuissance et a recours à la prière. Il demande aux dieux aide et secours au moment de tenter un coup d'audace, dans un danger pressant, au milieu d'un combat ou à l'approche d'une tempête. Mais il n'éprouve pas le besoin de leur appui dans l'ordre moral. Il ne les invoque jamais pour qu'ils l'aident à remplir un devoir, à pratiquer une vertu, à devenir plus sage, moins colère, plus juste, plus chaste, meilleur. Il ne peut les prier de lui éviter des faiblesses auxquelles ils sont soumis, et de le rendre tel qu'ils ne sont pas eux-mêmes. Il ne semble avoir aucun idéal moral, ou s'il en a un, il ne l'a pas assez élevé pour désespérer de l'atteindre par lui-même. C'est donc un secours purement matériel qu'il implore. Les dieux ne lui en accordent pas d'autre : ils se bornent à inspirer la pensée de projets hardis, à souffler dans les cœurs une audace intrépide, à soustraire à un péril de mort, à concourir au triomphe d'un obstacle physique.

L'erreur des Stoïciens fut commune à toute l'antiquité païenne. Elle s'expliquait chez la foule par l'infériorité de ses croyances religieuses et par l'absence d'un idéal moral élevé, et chez eux par l'élévation d'esprit, par la noblesse de sentiments, par la dignité de caractère et par l'énergie de cette élite du genre humain. D'ailleurs, ni une plus haute idée de la divinité et de notre destinée, ni l'expérience de la faiblesse humaine n'ont suffi pour faire concevoir à l'homme la nécessité, la possibilité, la réalité efficace de l'assistance divine. Ovide a beau voir le bien et l'aimer : il fait le mal quand

(1) Cf. *Entretien de Pascal avec M. de Sacy.*

même, et il se contente de gémir et de déplorer les défaillances de sa volonté. Ou, s'il s'adresse aux dieux, c'est sans doute pour répéter uniquement la prière toute stoïcienne d'Horace : « Que Jupiter prolonge mes jours, qu'il me donne les biens matériels : je fais mon affaire d'être sage (1). » Personne, au témoignage de Cicéron, n'avait jamais songé à rapporter à Dieu le mérite de sa vertu. C'est la fortune, non la sagesse, qu'on lui demande : c'est de soi-même qu'on tient la sagesse (Cf. Cic. de Nat. Deor. III, 36). Malgré une déplorable expérience de chaque jour, il a fallu le christianisme pour apprendre à l'homme à se défier de sa faiblesse, à juger possible, nécessaire, réelle et efficace l'assistance divine, à la solliciter et à compter sur elle pour atteindre son idéal moral.

Quoi qu'il en soit, on n'est pas, en général, très sévère pour le Stoïcisme. On ne lui tient pas rigueur de ce qu'il prescrit la recherche désintéressée de la vertu. On ne lui en veut pas beaucoup non plus de s'efforcer de détruire en nous toutes les passions. Il semble tendre ainsi à élever l'homme au-dessus de sa propre nature : on lui en sait gré, comme aussi de faire de l'action la loi de notre être, et on lui pardonne volontiers de pécher par excès de grandeur.

L'Épicurisme, au contraire, ne peut trouver grâce à nos yeux. Nous gardons pour lui toute notre sévérité. Nous lui faisons un grief de nous condamner à l'inertie. Nous lui en voulons de faire du plaisir l'unique mobile de l'homme. Il nous paraît ainsi nous rabaisser et nous avilir. Nous croyons voir en lui un manque de grandeur dont nous sommes choqués. Nous nous en tenons à cette impression première, et nous le condamnons sévèrement et sans appel, sans chercher à le comprendre ni à acquérir de lui une connaissance moins superficielle.

Il est cependant mal connu. La plupart se contentent de l'étudier dans le *de Finibus*. Or, Cicéron l'a exposé et réfuté sans jamais rien préciser sur les points délicats. Ce manque de précision a induit en erreur les générations suivantes. D'autres textes authentiques et formels, trop pris à la lettre, ont contribué à tromper les esprits et même à égarer, sur quelques points de détail, des historiens d'une haute gravité. Il est juste, dès lors, d'exposer fidèlement, quoique brièvement, ce système : on verra ensuite s'il convient de le décrier

_____

(1) Hor. Epit. I, XVIII, 107 : *Det vitam, det opes, æquum mi animum ipse parabo.*

et de condamner avec lui et à cause de lui toute la morale philosophique.

Le plaisir est incontestablement le souverain Bien pour Épicure.
Sa recherche doit être notre unique objet. C'est uniquement pour se
le procurer et se l'assurer qu'il faut rechercher et pratiquer les
vertus enseignées par Socrate. Il n'est pas, comme on l'a prétendu (1), quelque chose de purement négatif : outre l'absence de
la douleur, il comporte un chatouillement agréable des sens. C'est
dire qu'il est corporel. Épicure n'en admet ni ne pouvait en admettre
d'autre. Sans doute, il distingue entre les plaisirs du corps et les
plaisirs de l'âme, et déclare même ceux-ci supérieurs et préférables
à ceux-là (2). Mais cette distinction, fertile en méprises, ne renferme
point ce qu'on a voulu y voir. C'est à tort que l'on en a conclu que
la science, que l'art, que la gloire, par exemple, étaient, dans l'Épicurisme, des jouissances d'une nature spéciale et propres à l'âme.
En réalité, pour Épicure, tous les plaisirs sont de même nature.
L'âme n'en a pas de particuliers. Ses joies sont uniquement celles
du corps. Assise près de lui, pour ainsi dire, elle sourit à ses
voluptés et y participe. Elle n'en a pas à elle. Bien plus, pour
parler rigoureusement, elle serait impassible et rien ne saurait la
réjouir. Seulement, les plaisirs du corps sont essentiellement pas-
sagers, leur durée est éphémère, ils existent dans le présent et pas-
sent avec lui, le même instant les voit naître et périr. Le propre de
l'âme est de leur donner la durée. Elle en garde le souvenir, et les
prolonge et les perpétue par la mémoire; elle les évoque, les trans-
pose, les fait passer dans une autre sphère, les renouvelle ou les
avive par l'imagination; elle les prévoit enfin et en fait jouir par
anticipation. Ce sont ces plaisirs du corps rappelés, transposés,
avivés, anticipés, qui lui sont attribués. Épicure les appelle aussi
plaisirs en repos, par opposition aux premiers appelés plaisirs en
mouvement. Le plaisir n'en est pas moins en soi toujours le même (3).

Le bonheur résulte, d'une manière générale, de l'accord de la
nature et de nos sentiments. Il est à la fois son œuvre à elle et la
nôtre. Il est, en effet, au fond, la joie de vivre. Il consiste dans

_____

(1) MM. Zeller et Ravaisson.
(2) Cf. Diogène de Laërte, 128-131; Sénèque, *Lettres*, 16, 35; Cic., *De Fin.*,
I, XVII.
(3) Cf. Plutarque : *Non posse vivi secundum Epicurum*, IV, XIV; Clément
d'Alexandrie : *Stromates*, II, 21; Diogène de Laërte, II, 89; Cic. : *De Fin.*, II,
28, 30.

l'équilibre de la chair et ne se distingue pas de la santé. Or, si la santé nous vient de la nature, sa conservation est notre œuvre. Il dépend de nous de prolonger, au moins par l'illusion, cet état de notre corps. Il nous faut pour cela nous soustraire, par l'imagination, à la douleur, et céder ou résister, selon les cas, à nos désirs.

La douleur est inévitable. Tôt ou tard, elle a son heure. Elle n'est souvent qu'un mal relatif : on la subit pour en éviter une plus grande. Elle est encore la condition d'un plaisir supérieur : l'accepter et même s'y soumettre est alors acte de raison et de sagesse. Quelle qu'elle soit d'ailleurs, la pensée est toute-puissante contre elle : nous pouvons ou en dominer ou en affaiblir le sentiment, soit en en détournant notre esprit, soit en évoquant de doux et agréables souvenirs. La mort, au besoin, nous en affranchirait, si elle était ou trop longue ou trop vive, et si notre imagination était accidentellement impuissante à la rendre insensible ou à la maîtriser.

Le désir suppose l'absence d'un bien. Il est, à ce titre, au moins plus d'une fois, un obstacle à notre bonheur. Notre conduite à son égard variera selon les circonstances. Il est, en effet, ou physique et nécessaire, ou physique et non nécessaire, ou ni physique ni nécessaire. On ne peut, dans la première hypothèse, le contrarier et refuser de le satisfaire. Ce serait se mettre en opposition avec la nature et par là même se condamner à être malheureux. Cet inconvénient n'existe plus dans le second cas. Rien n'oblige alors à contenter le désir. Aussi doit-on le réprimer, sinon toujours, du moins le plus souvent possible. Il ne faut lui accorder tout au plus que quelques rares et faciles satisfactions. C'est le seul moyen de nous éviter des sacrifices onéreux et de nous soustraire à son empire. Lui céder, c'est s'exposer à être bientôt son esclave. Car il ne peut être assouvi. Il est à peine apaisé que déjà il renaît. Les complaisances l'irritent même. Ses exigences croissent avec les satisfactions accordées et reçues. Il en devient bientôt impérieux et en peu de temps il exerce sur nous une incessante et despotique tyrannie. C'en est fait dès lors de notre repos, de notre tranquillité, de notre calme et, en conséquence, de notre bonheur. Au contraire, si on résiste d'abord au désir, on parvient sans trop de peine à le réprimer, il s'affaiblit peu à peu et finit par ne plus se manifester ni nous troubler. Et c'est pourquoi, selon Épicure, s'il n'est ni physique ni nécessaire, il faut absolument l'arracher de notre cœur. Il n'a plus de raison d'être : rien ne le motive ni ne l'excuse; tout le condamne; il n'est plus permis d'avoir pour lui la moindre complaisance ; toute faiblesse à son égard compromettrait notre liberté et la paix heureuse à laquelle nous aspirons. S'il n'obéissait pas, il commanderait. Des excès ne tarderaient pas à entraîner la perte ou l'affaiblissement de la santé. L'équilibre de la chair serait rompu. La crainte de ce malheur ou de la douleur nous oblige à nous priver de maints plaisirs.

Épicure est ainsi amené à prêcher le détachement de tous les biens, des richesses, des jouissances sensuelles, des honneurs, de la gloire et même de la science. Sa morale est, au fond, un ascétisme sensualiste. « Se défendre contre toutes les surprises du sentiment, se surveiller sans cesse, se ramener tout en soi, se faire aussi petit que possible : voilà, pour Épicure, la vraie sagesse. Rien n'est moins voluptueux, ni plus triste. »(Janet et Séailles, *Histoire de la Philosophie*, pp. 975-976.) C'était, en réalité, une réaction contre l'entraînement général vers le plaisir et la passion. Aussi Sénèque, malgré l'austérité théorique de son stoïcisme, qualifie-t-il d'héroïque la morale épicurienne, et s'estime-t-il heureux de pouvoir terminer ses lettres par une maxime d'Épicure.

Il est vrai, entre le sage d'Épicure et le sage de Zénon, la différence n'est pas si grande qu'on se l'imagine vulgairement. Tous deux aspirent à la pleine possession de soi-même, au calme absolu, à *l'ataraxie*. L'un et l'autre renoncent à tout ce que l'on regarde habituellement comme un bien. Ils se conforment de même aux événements, et font, de nécessité, vertu. Si le Stoïcien fait le vide complet dans son âme, et en arrache tous les sentiments, l'Épicurien y laisse bien peu de chose, car il y conserve exclusivement les désirs physiques et nécessaires, et, par une heureuse inconséquence, l'amitié (1). Mais l'un fait de l'effort et de la tension de la volonté, la vertu même ; l'autre, tout en se distinguant de tous les autres philosophes par l'affirmation nette et franche du libre arbitre, cherche le calme de l'inertie et de la mort.

En somme, les deux systèmes ont trop de points de ressemblance et n'ont pas d'assez notables différences entre eux, pour que l'un puisse paraître admirable, et l'autre digne d'un souverain mépris. La grandeur reconnue de l'un nous oblige à plus d'équité envers l'autre.

La morale philosophique cesse par là même de nous apparaître comme essentiellement corruptrice. Nul d'ailleurs, sans aucun doute, ne songerait à se plaindre et à crier au scandale, si

---

(1) Nul ne paraît avoir, mieux qu'Épicure, senti et décrit les douceurs et es charmes de l'amitié.

ses préceptes, tels que Cicéron les expose dans le *de Officiis*, dirigeaient l'ensemble des hommes dans leurs relations sociales, et les hommes-publics, en particulier, dans l'accomplissement de leurs fonctions. Et, d'autre part, les règles de conduite privée tracées par Sénèque, le philosophe directeur de conscience, paraîtraient peut-être bien austères à la facilité de nos mœurs mondaines. Enfin, depuis de longs siècles, Pythagore semblait ne laisser rien à inventer aux fondateurs d'ordres monastiques; il avait prescrit avant eux la communauté des biens, le célibat, la règle du silence, les chants en commun et l'examen de conscience. (Cf. Janet et Séailles, *Histoire de la Philosophie*, pp. 396, 426, 427 et 428.)

Malheureusement, l'immortalité de l'âme n'est pas universellement admise parmi les philosophes grecs. Les Épicuriens la rejettent. L'âme, d'après eux, périt avec le corps. Les Stoïciens en admettent seulement la survivance; encore ne sont-ils pas d'accord entre eux pour en déterminer la durée et les conditions.

La morale n'est point pour cela dépourvue de toute sanction.

Pour les Grecs, il y a d'abord un rapport intime entre la vertu et le bonheur, entre le vice et la souffrance.

Les Épicuriens, en particulier, invoquaient uniquement, pour porter à la vertu ou pour éloigner du vice, l'attrait du plaisir ou l'épouvantail de la douleur.

Les Stoïciens, au contraire, jugeaient toute sanction inutile. Ils se plaçaient à un point de vue plus élevé et impersonnel. L'homme vertueux n'a pas besoin de récompense. Il pratique la vertu pour elle-même. Il évite le mal uniquement parce que c'est le mal.

Cette doctrine, dans sa sublimité, n'a pas de prise sur les âmes vulgaires. Il faut à celles-ci, pour faire le bien et pour éviter le mal, ou l'appât d'une récompense, ou la crainte d'un châtiment. Une récompense et un châtiment terrestres ne peuvent même suffire. Une vie future est encore nécessaire pour récompenser la vertu et pour punir le vice.

Ainsi pensèrent Pythagore, Socrate et Platon.

Pythagore comdamne, jusqu'à une entière purification, les âmes coupables à une série d'émigrations dans d'autres corps.

Pour Socrate, l'âme a une origine divine. A sa sortie du corps, une double voie s'ouvre devant elle. Elle va rejoindre les dieux, si sa vie fut intègre, pure, chaste, exempte de souillures. Au contraire, elle est condamnée à errer loin de la demeure des dieux et de leur commerce, si, dans sa vie publique ou privée, elle n'évita ni les faiblesses honteuses, ni les crimes contre sa patrie (1).

L'âme, d'après Platon, ne peut mourir. Sa destinée naturelle est de connaître le Vrai, le Bien, le Beau. Rien ici-bas n'est digne d'elle. Les biens matériels ne méritent pas de la captiver un instant. Elle a à s'en détacher entièrement. L'amour des créatures est pour elle une cause de déchéance : l'amour céleste seul lui convient. Tous ses efforts doivent tendre à devenir le plus possible semblable à Dieu. Cette ressemblance s'établit et s'accroît par la justice, la sainteté et la sagesse. Toute souillure doit être purifiée. L'âme souillée est condamnée à une série d'existences expiatoires. L'âme purifiée sera enfin admise à contempler les idées éternelles et à jouir auprès de la divinité d'un bonheur sans mélange.

Virgile nous permet de constater les progrès accomplis depuis Homère dans la pensée religieuse et morale. Ses dieux sont ceux de l'*Iliade* et de l'*Odyssée*. Néanmoins, il y a une profonde différence entre les uns et les autres. La décence et le décorum règnent désormais dans l'Olympe. Vénus elle-même, sans cesser d'être la reine des plaisirs, a la dignité et la sollicitude d'une mère. Jupiter est le dieu suprême. Ce n'est plus un dieu folâtre ni un mari volage. Il a la haute gravité d'un sénateur romain. Les autres dieux sont autour de lui comme des magistrats subalternes. Tous s'inclinent respectueusement devant sa volonté. Il a à cœur le respect et le triomphe de la justice.

L'âme survit au corps. Au sortir de ce monde, elle descend dans les Enfers. L'expiation l'y attend. Il lui reste toujours, en effet, quelques souillures à purifier. Elle les purifie par la souffrance. Un lieu particulier lui est assigné. Elle y est traitée selon ses œuvres et ses mérites.

Son expiation est proportionnée à ses fautes. Il y a pour chaque espèce de crime un genre de tourment. Les fautes secrètes, même accomplies dans le silence du cœur, n'échappent pas à la loi générale. Haïr ses frères, maltraiter son père, tromper la bonne foi d'un client, rechercher trop avidement les biens matériels, ne pas faire participer ses proches à ses richesses, trahir la fidélité due à un maître, faire et défaire les lois à prix d'argent, sont autant de crimes cruellement punis. L'adultère ne l'est pas moins. L'impiété subit, à son tour, des châtiments exemplaires. Une voix s'élève au

---

(1) Cf. Platon : le *Phédon*; Cicéron : *Tusculanes*, liv. I, ch. LXV.

million des coupables et leur crie : « Apprenez désormais à respecter la justice et les dieux (1). »

Une fois purifiée, l'âme est admise aux Champs Elysées. Elle y goûte, pendant mille ans, un bonheur parfait et conforme à ses goûts. Aussi, en voyant l'empressement des âmes à boire, sur l'ordre d'un dieu, aux ondes du Léthé, la quiétude, le long oubli et le désir de revoir, dans un autre corps, la voûte des cieux, Énée s'écrie avec une profonde et douloureuse surprise : « Est-il donc vrai que des âmes remontent d'ici sur la terre et rentrent de nouveau dans les lourdes entraves du corps? D'où leur vient ce désir insensé de la lumière? » (Énéide, VI, 719-721).

Il y a loin, on le voit, d'Homère à Virgile. Un grand progrès dans les idées religieuses et morales s'est accompli entre ces deux poètes. Des sentiments nouveaux se sont aussi fait jour. Les héros d'Homère étaient sans pitié. C'était pour eux un doux plaisir d'achever un ennemi vaincu et d'insulter leurs victimes. Ulysse n'épargne pas Dolon malgré la perspective d'une rançon royale (2). Achille outrage à plusieurs reprises le cadavre d'Hector (3). Énée, au contraire, connaît la clémence et la pratique. Il est sur le point d'accorder la vie même à Turnus; seule, la vue du baudrier de Pallas sur l'épaule de son meurtrier l'empêche de le faire (4). La distinction du Grec et du Barbare disparaît et s'efface. L'humanité crée des devoirs envers tous les hommes. Les Troyens s'apitoient sur les malheurs imaginaires du traître Sinon et lui offrent une seconde patrie (5). Énée traite avec une extrême bonté un des destructeurs de Troie, Achéménide d'Ithaque (6). La pitié pour tous les malheureux, sans distinction de nationalité, paraît désormais naturelle. Didon l'a apprise du malheur même (7).

Les progrès accomplis sont indéniables. L'honneur en revient aux philosophes. Il leur a été attribué de tout temps. C'était justice. Les théories de Virgile sur la vie future sont celles de Pythagore et de Platon. L'influence humanitaire des Stoïciens et des Épicuriens se trahit dans les autres.

(1) Discite justitiam moniti et non temnere divos, VI, 619.
(2) Iliade, x.
(3) Ibid., xxii et xxiv.
(4) Énéide, xii.
(5) Ibid., ii.
(6) Ibid., iii, 588 et sqq.
(7) Haud ignara mali miseris succurrere disco. Énéide, I, 630.

Mais Virgile ne fut pas, comme Homère, un poète des temps primitifs. Il vécut, au contraire, au milieu d'une civilisation avancée. Son poème est, en conséquence, une œuvre savante. L'inspiration y a peu de part. Rien n'y est spontané : tout y est réfléchi, combiné, voulu. On y trouve sans doute l'écho des pensées et des sentiments des esprits cultivés du siècle d'Auguste : le poète pourrait bien, par contre, ne pas y être l'interprète du peuple, de la foule, du plus grand nombre.

Ce fut, en effet, le vice de la philosophie ancienne d'être essentiellement aristocratique. L'esprit de propagande lui fit défaut. Malgré quelques belles sentences humanitaires, elle s'occupa peu, en pratique, lorsqu'elle ne les dédaigna pas ouvertement comme Épicure, des petits, des humbles, des ignorants, des faibles. Elle s'adressa uniquement aux grandes intelligences, aux esprits éclairés, aux puissants, aux riches, aux heureux.

Néanmoins, son influence fut réelle dans le monde et dans l'ordre social.

Les philosophes avaient un auditoire d'élite. Des poètes, de futurs hommes d'État, des citoyens influents ou destinés à le devenir, recevaient leurs leçons. Ils reproduisaient, à leur tour, sous une forme plus simple ou plus intelligible, l'enseignement de leurs maîtres, les uns sur la scène, les autres à la tribune, tous dans leurs conversations familières. De nouvelles idées pénétraient peu à peu, de la sorte, jusque dans les derniers rangs du peuple. Il en fut ainsi à Athènes et en Grèce. A Rome, pour en revenir à *l'Enéide*, la popularité dont jouit ce poème dès la première heure, prouve que les idées et les sentiments exprimés par Virgile n'étaient pas étrangers à un très grand nombre de ses contemporains. La jeunesse dorée allait, en effet, depuis longtemps, compléter ses études à Athènes et y apprendre la philosophie. Des philosophes avaient ouvert des écoles dans Rome même. Cicéron avait enfin, par ses divers traités philosophiques, initié à la philosophie grecque toute la société lettrée des patriciens et des chevaliers. Il avait, en particulier, présenté les esclaves comme « des serviteurs loués à perpétuité » (De Off, I, XIII). Sénèque les appellera bientôt « des amis d'une humble condition » (Ep. XLVII, I). La clémence sera, à ses yeux, la marque d'un grand caractère. Il fera de la pratique de l'aumône un devoir de stricte justice (Cf. De Benef. VI, III). Le relèvement des misérables reposera, selon lui, sur un droit (Cf. Janet et Séailles, *Hist. de la phil.* p. 428). La haute société romaine était préparée à cet enseignement et le recevait sans surprise. Il n'était pas une nouveauté pour tous les esclaves. C'est par l'un d'eux, Livius Andronicus, que le mouvement littéraire avait commencé; c'est par d'autres qu'il s'était continué; c'étaient encore des esclaves qui instruisaient les jeunes Romains de l'aristocratie de la naissance et de l'argent. Peut-être, grâce à eux, le peuple ne restait-il pas entièrement en dehors du mouvement des idées. Il en avait du moins le bénéfice. Les mœurs s'étaient adoucies peu à peu. La conscience publique réprouvait certains excès. Il y avait des égards dont on ne pouvait se départir envers les personnes libres. L'autorité paternelle avait perdu de sa rigueur primitive. Nul n'aurait osé néanmoins en user dans toute sa plénitude. Les esclaves eux-mêmes bénéficiaient de ces dispositions générales. Un châtiment trop rigoureux, quoique n'excédant pas le droit légal du maître, avait été infligé à l'un d'eux en présence d'Auguste : l'empereur punit cet excès de sévérité. Des esclaves avaient, pendant les proscriptions, supporté les plus cruels tourments sans révéler le lieu où se cachaient leurs maîtres. Des maîtres s'étaient livrés eux-mêmes pour soustraire à la torture leurs esclaves. Les relations entre les uns et les autres n'étaient donc plus ce qu'elles avaient été autrefois : la bonté, non plus que le dévouement, n'en était absente.

La législation, de son côté, devenait moins dure. On était loin de la rigueur des lois des Douze Tables. Le droit romain, par ses améliorations successives, était en voie de mériter d'être appelé « la raison écrite ». Le Stoïcisme exerçait déjà sur lui son heureuse influence. Il devait contribuer largement à le modifier plus tard. Il commençait dès lors à justifier la qualification de « fondateur des droits du genre humain ».

La philosophie n'a donc corrompu ni les esprits ni les cœurs. Elle n'a pas altéré davantage la doctrine révélée. Toutes les assertions à ce sujet sont gratuites, en désaccord avec les faits déjà signalés et en opposition avec les données de l'histoire.

L'histoire nous fait assister, pour ainsi dire, à la genèse de la morale.

Sans doute, les principes généraux de la morale ont toujours été gravés dans le cœur de l'homme. Ils ne se sont développés, toutefois, que peu à peu et sous l'influence du temps et des circonstances. Ainsi tous les droits et tous les devoirs n'ont pas été connus tout d'un coup ni à la fois. Ils ont été découverts successivement. Leur notion, pour la plupart, était d'abord ignorée. Leur connaissance a été acquise graduellement et a été parallèle au développement intellectuel et philosophique des esprits. Les termes qui les expriment manquent, en effet, pour plusieurs, à l'origine, dans les langues anciennes. La philologie peut fixer la date approximative de la création de plus d'un d'entre eux. Leur signification, d'abord vague, se détermine et se précise au fur et à mesure du progrès des idées. C'est dire que les philosophes ont contribué, après les premiers poètes, à la découverte de ces droits ou de ces devoirs. De même, de nouveaux sentiments, en apparence innés en nous, se sont fait insensiblement jour dans le cœur humain. Ils semblent, dans l'histoire, naître, se former, s'épurer, croître en énergie ou en délicatesse. C'est sans doute un résultat de la vie sociale : c'est aussi un effet du développement intellectuel et rationnel provoqué par les philosophes.

C'est le mérite de l'histoire de la philosophie de nous faire connaître la vérité à cet égard. L'utilité de son étude peut donc paraître incontestablement acquise. En sera-t-il de même de sa nécessité?

On ne peut présenter l'étude de l'histoire de la philosophie comme absolument nécessaire. Sa nécessité découle de la nature et de l'efficacité de ses services. Elle est, dès lors, purement relative. Elle n'existe même pas pour tous les hommes : elle s'impose seulement aux esprits cultivés, aux philosophes, aux théologiens.

La culture intellectuelle n'est pas arbitraire. Elle est soumise à des lois. La première est de ne donner une prépondérance exclusive à aucune de nos tendances naturelles. Toutes ont leur raison d'être et ont le droit de se développer. Aucune ne doit être sacrifiée aux autres. Il faut, dans la mesure du possible, établir et maintenir entre elles une sorte d'équilibre. Leur développement doit être proportionné à leur importance, parallèle et harmonieux.

Or, une des tendances les plus impérieuses de notre esprit est, nous l'avons vu, de chercher à connaître ce que l'on a pensé jusqu'à nous sur le monde, sur l'homme, sur Dieu. Il ne nous est pas permis de la négliger. Nous n'avons aucun motif pour la combattre. Nous en avons plutôt pour la satisfaire. Elle est bonne en soi et légitime. Loin d'être contraire à la raison, elle en provoque, en entretient, en féconde l'activité et l'exercice. Elle la sert en favorisant l'esprit philosophique. Nous pourrons, sous son influence, nous habituer à

réfléchir, à nous rendre compte des choses, à penser en êtres raisonnables. L'homme est moins exposé ainsi à être, dans les questions les plus graves, le jouet ou l'esclave de son imagination et de
sa sensibilité. Son âme ne reste pas moins ouverte à toutes les
grandes pensées et à tous les nobles sentiments. Mais il lui est plus
facile de résister à des entraînements irréfléchis et peu rationnels.
La raison garde la prédominance à laquelle elle a droit. Nous
sommes plus aptes à juger sainement des choses et des idées. Enfin,
on ne peut prétendre être un esprit cultivé, si l'on ignore les principaux systèmes ou les principales doctrines philosophiques. Et si
l'histoire de la philosophie répond à un besoin légitime de l'esprit
humain, elle est aussi le complément nécessaire de toute éducation
libérale.

A plus forte raison est-elle indispensable aux philosophes. Elle
rend de grands services à la philosophie. Elle en facilite les progrès,
les enregistre, les atteste, et la justifie elle-même de griefs aussi
graves qu'imaginaires. En outre, les systèmes s'enchaînent les uns
aux autres. Ils ont entre eux des rapports d'origine et d'influence.
Il est souvent difficile de les comprendre si on les étudie isolément.
Leur étude générale s'impose à quiconque s'occupe de philosophie.
Elle est un des moyens les plus sûrs pour arriver à se rendre compte
des problèmes encore discutés, et pour juger de la valeur des solutions proposées. Elle nous permet d'apprécier les difficultés que
présente une question, en nous montrant comment on a été amené
à la poser et comment on l'a successivement résolue.

Enfin. la pensée isolée a ses dangers. Elle a l'inconvénient de
rétrécir l'horizon intellectuel. Le penseur solitaire se renferme peu
à peu dans un certain cercle d'idées. Rien ne le sollicite à en sortir.
Les mêmes sujets l'occupent bientôt tout entier. Ils lui paraissent
seuls dignes d'attirer, d'arrêter et de fixer l'attention. Il devient à la
longue indifférent et étranger à tout le reste. Il en arrive même à
considérer les choses à un point de vue unique. Il n'a pas, pour
corriger sa manière de voir, le contrôle, pourtant nécessaire, des
jugements d'autrui. Il ignore la pensée des autres. Il ne recherche
point l'occasion de la connaître, il la néglige même et la dédaigne.
Il se complaît dans ses propres idées. Il s'en exagère la portée et la
valeur. La justesse lui en semble incontestable. Les opinions contraires aux siennes lui paraissent inadmissibles. Il ne s'arrête point
à les discuter. Il les rejette *a priori* et sans examen. L'impartialité

lui manque. Les préventions l'aveuglent et le rendent injuste. Son esprit est d'autant plus absolu que son horizon est plus étroit. Il reste privé des données du dehors et se consume dans ses propres efforts. Il est enfin réduit à l'impuissance. Une idée s'empare de lui, le domine, l'absorbe, l'obsède. C'est, à ses yeux, la vérité par excellence. Il n'y a rien en dehors d'elle.

Les savants eux-mêmes n'évitent pas toujours ces excès. Leurs propres études prennent à leurs yeux une importance exceptionnelle. Les autres leur semblent vaines. Ce qui heurte leur manière habituelle de voir ne saurait être vrai pour eux. De là, l'hostilité rencontrée par les grands inventeurs et l'opposition faite aux découvertes les plus utiles.

L'histoire de la philosophie obvie, pour les philosophes, à ces divers inconvénients. Elle les soustrait à l'isolement intellectuel. Elle donne à leur pensée un aliment et un contrôle. Elle les fait vivre dans un commerce intime avec les génies des siècles antérieurs. Sans doute, elle présente toujours à leur esprit à peu près les mêmes problèmes; mais ces problèmes sont nombreux, ils se rattachent à tout ce qu'il y a de plus grand et de plus haut, ils sont exposés de différentes manières et ont reçu des solutions variées. Le tableau des progrès et des défaillances de la raison humaine nous garde à la fois d'un excès de découragement et d'un excès de confiance. Les erreurs des hommes de génie nous rendent circonspects. Nous arrivons à les comprendre et à nous les expliquer. Plus d'une était, vu les circonstances, un progrès relatif. Les difficultés à surmonter pour arriver à la vérité étaient nombreuses et grandes. Aussi l'indulgence nous paraît-elle justice. Le discrédit dans lequel sont tombées plus tard des doctrines d'abord en grande faveur, nous met en garde contre un engouement irréfléchi. La diversité des opinions sur les mêmes problèmes nous rend moins absolus. Il nous est plus facile d'être équitables envers nos adversaires ou nos contradicteurs. Notre appréciation sur les questions philosophiques devient plus prudente, plus éclairée, plus judicieuse, plus impartiale, plus saine. La marche de l'esprit humain nous le fait mieux connaître. Un véritable progrès s'accomplit dans notre intelligence. L'histoire de la philosophie nous rend plus philosophes. La connaissance nous en est nécessaire.

Elle ne l'est pas moins aux théologiens. La philosophie et la théologie sont sœurs. Elles ne s'excluent ni l'une ni l'autre. Elles se prêtent plutôt un mutuel appui. Mais la philosophie est le fondement nécessaire de la théologie. Celle-ci ne peut exister sans celle-là. Un philosophe peut ne pas être théologien; tout théologien, au contraire, doit être philosophe. L'étude de l'histoire de la philosophie, nécessaire à l'un, l'est par là même à l'autre. Elle l'est aux mêmes titres et à des titres nouveaux.

La théologie, sous sa forme scientifique, date du moyen âge. Elle reposa, dès la première heure, sur la philosophie de la Grèce. Les théologiens empruntèrent à Aristote sa méthode, sa métaphysique et en particulier sa fameuse théorie de la matière et de la forme. Plus d'un s'inspira néanmoins de Platon. La connaissance des systèmes de ces deux philosophes est nécessaire, par suite, pour comprendre les théologiens du moyen âge, pour bien saisir leur doctrine, pour s'expliquer leurs querelles, pour se rendre compte des rivalités des Écoles.

Le théologien moderne a besoin, d'un autre côté, de connaître l'histoire de la philosophie pour préciser le sens et la portée de certaines thèses théologiques.

Un problème posé et discuté dans la théologie fondamentale est celui de la nécessité d'une révélation. Une révélation était-elle nécessaire, en dehors de l'hypothèse de l'élévation de l'homme à un état surnaturel? L'homme, abandonné aux seules forces de sa raison, pouvait-il arriver à connaître suffisamment ses devoirs? Ou avait-il besoin, pour y parvenir, d'un secours spécial de Dieu?

Les traditionalistes de tous les temps ont affirmé la nécessité absolue d'une intervention divine. Ils invoquaient, à l'appui de leur solution, la prétendue impuissance de la raison humaine. Ils citaient toutes les erreurs dans lesquelles sont tombés les divers philosophes. Ils croyaient légitimer ainsi leur conclusion. Leur thèse leur paraissait définitivement établie.

Il n'en était rien. Elle reposait sur une double erreur de droit et de fait. L'impuissance radicale de la raison était précisément à démontrer. Les erreurs des philosophes ne prouvaient rien. On peut se tromper et être néanmoins en état de découvrir la vérité. C'est ce qui arrive chaque jour à chacun de nous. La philosophie ne restait pas d'ailleurs stationnaire. Elle poursuivait le cours de ses conquêtes, même en morale. Nul ne saurait dire jusqu'où elle pouvait aller. Personne n'oserait prendre sur soi de déterminer les limites de ses progrès possibles.

Et en réalité, la raison a été réhabilitée depuis. La morale des philosophes est mieux connue. Il faut en rabattre des accusations portées contre elle. A côté d'erreurs inévitables, comme on en trouve chez plus d'un casuiste, elle nous présente un ensemble de préceptes d'une certaine austérité et d'une certaine grandeur. L'étude plus attentive, plus complète, plus impartiale, des divers systèmes philosophiques nous révèle même les plus belles maximes et les plus nobles préceptes.

Aussi les théologiens modernes les plus avisés restreignent-ils, à l'exemple de saint Thomas et de Bossuet, cette thèse. Il ne s'agit pas, pour eux, d'une nécessité absolue, mais d'une simple nécessité relative. Ils ne mettent pas en cause le génie laborieux, patient, énergique, riche en biens, en santé, en loisirs : ils ont en vue seulement les intelligences ordinaires, la foule condamnée au travail de chaque jour, la multitude absorbée par les soins matériels de la vie. C'est, dans l'hypothèse donnée, pour la généralité des hommes, qu'un secours divin spécial serait nécessaire (1).

La connaissance de l'histoire de la philosophie n'est pas sans doute étrangère à ce résultat. De pareils problèmes ne peuvent se résoudre sans elle.

Il n'est pas possible non plus de déterminer et de préciser sans elle les services rendus à la philosophie par le christianisme. Grâce à elle, au contraire, nous voyons, en particulier, quelques-unes des idées philosophiques les plus importantes corrigées, complétées, transformées, sous l'influence chrétienne.

Ainsi la notion stoïcienne — à peine ébauchée — de la personnalité humaine se complète et se transforme; non seulement la conscience échappe, comme dans le stoïcisme, à l'oppression de la tyrannie, mais elle a encore, même devant l'État, des droits sacrés et inviolables; l'orgueilleuse suffisance des stoïciens se tempère par le sentiment de notre faiblesse et de la nécessité, de la possibilité, de l'efficacité de l'assistance divine; la douleur, devenue divine, est un mal avouable et susceptible de devenir méritoire; la conception du bonheur est moins médiocre, moins étroite, moins bornée : un élément nouveau, en opposition avec l'esprit grec, l'infini, s'y ajoute; l'homme se sépare et s'isole de la nature, et s'élève au-dessus d'elle, mieux et autrement que Platon ne l'avait soupçonné; l'égoïsme stérile du détachement des biens et des plaisirs, selon Zénon et Épicure, se corrige, s'ennoblit, se féconde par l'amour

(1) Cf. cardinal Gonzalez : *Hist. de la Philosophie*, t. II, p. 246-247; t. III, p. 281.

de Dieu et des hommes ; le cœur, dont la Grèce n'aurait ni trouvé ni compris les raisons, a un rôle pour ainsi dire prépondérant dans la vie religieuse et morale : il en inspire ou en vivifie tous les actes ; la charité renferme et résume toute la loi ; la foule des petits, des humbles, des déshérités, n'est plus l'objet d'une bienveillance tout au plus théorique et platonique : désormais, ses misères intellectuelles et morales ne restent pas sans secours, elle n'est pas abandonnée à son ignorance, ses devoirs lui sont enseignés, et chacun peut avoir une règle de conduite simple, claire, fixe, complète.

Tel est, entre plusieurs autres, le témoignage que permet de rendre au christianisme l'histoire de la philosophie.

Aussi est-il difficile de comprendre comment elle a pu être négligée parmi nous.

IV

Mais peut-être est-il permis d'espérer, des malheurs mêmes du temps, de la voir remettre en honneur ?

La foi, — il ne s'agit pas de la foi du peuple, — la foi s'affaiblit. Les fondements en sont attaqués. La valeur de nos livres saints est mise en doute. Le respect pour l'autorité religieuse diminue. L'incrédulité, sous une forme ou sous une autre, progresse. Le rôle de la raison grandit par là même. Elle reste la dernière autorité doctrinale. Il est nécessaire de la défendre et de la maintenir. Sa négation entraînerait un scepticisme universel et sans remède. La reconnaissance de sa valeur et de ses droits est la sauvegarde et le gage du relèvement de nos croyances. Les vérités rationnelles admises ramèneront tôt ou tard les esprits aux vérités révélées. Qu'on le veuille ou non d'ailleurs, les débats avec les incrédules se portent et se concentrent sur le terrain de la philosophie. Il en fut ainsi pour les apôtres au milieu du monde païen, et en particulier pour saint Paul à Athènes. Mais alors la raison était moins attaquée : aujourd'hui elle est mise en doute ou niée. L'étude de la philosophie s'impose donc aux croyants de tous les cultes. L'importance en devient chaque jour plus grande. C'est ce que semblent croire les promoteurs de la ligue contre l'athéisme. Telle paraît être aussi la pensée de Léon XIII. Du moins, le Souverain Pontife encourage de tous ses efforts les études philosophiques. On leur consacre désormais, sur ses instances, deux années dans plusieurs de nos grands séminaires. L'histoire de la philosophie y sera sans doute, dès lors, moins négligé. Une large part lui sera même peut-être faite. Les jeunes étudiants n'auront pas à le regretter. Leurs progrès n'en seront ni moins rapides, ni moins considérables. L'esprit philosophique se développera encore plus sûrement en eux. Ils acquerront une connaissance plus complète et moins imparfaite des systèmes et de leurs rapports. Ils n'en seront que plus aptes à discuter les doctrines. Ils apporteront dans cette discussion un esprit encore plus éclairé, plus large, plus impartial, moins absolu. La vérité, il est permis de le croire, devra plus d'un triomphe à des intelligences ainsi préparées à la défendre. L'histoire de la philosophie sera, grâce à leur concours, plus en faveur eu France. Et, par une sorte d'heureux cercle vicieux, elle favorisera, comme par le passé, les progrès de la philosophie elle-même.

PARIS. — E. DE SOYE ET FILS, IMPRIMEURS, 19, RUE DES FOSSÉS-SAINT-JACQUES.

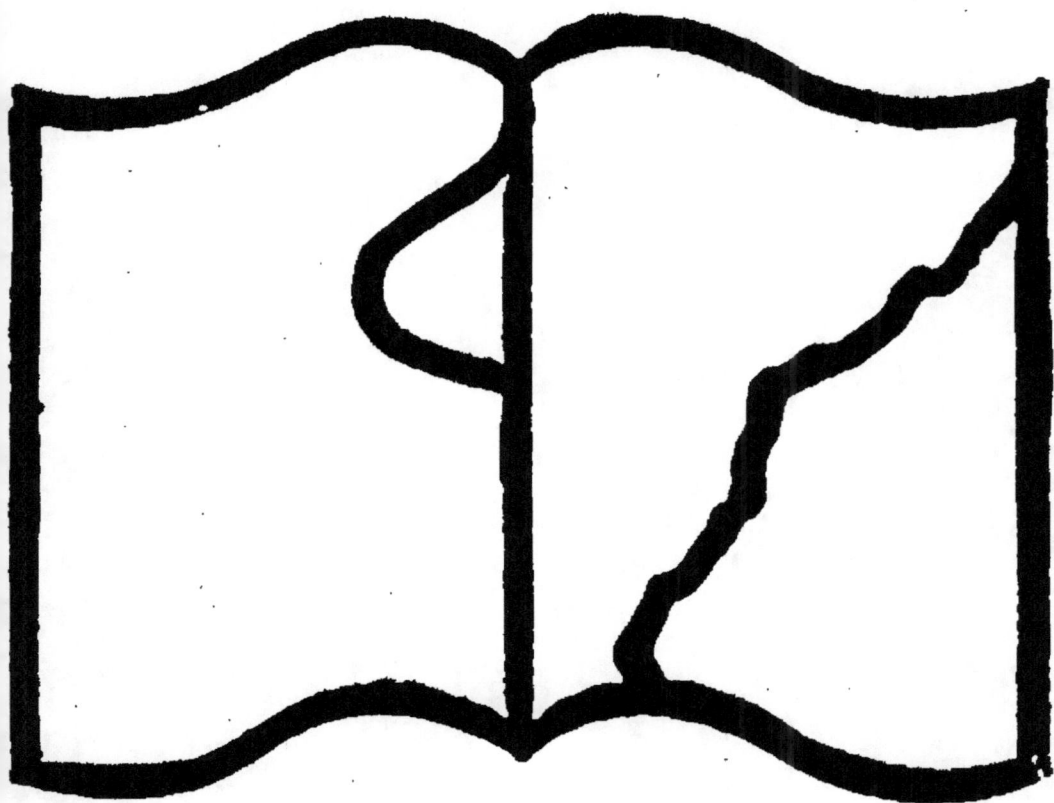

Texte détérioré — reliure défectueuse
NF Z 43-120-11